わかる！伝える！

視線の心理術

〈はじめに〉

コミュニケーション上の悩みを〝心理〟の面から解消

これまで当たり前のように対面で行われてきた、〝人と人とのコミュニケーション〟が、コロナ禍によって大きく変化してきました。

ある人は会社の意向や方針を受けて、あるいは自身の意思によって、テレワークを導入した生活を選択した人も多いと思います。

そして、オンラインでのコミュニケーションの機会が増えるとともに、悩みを抱えてしまう機会も増えてはいないでしょうか。たとえば、慣れていない画面越しの対話が続くと、ストレスを感じることがあるはずです。

また、ようやく家族以外の人と会うようになっても、マスクの着用は欠かせず、相手の表情の半分は読みとれないため、「コミュニケーションがうまくとれているのだろうか？」という気持ちになっている人もきっと少なくないでしょう。それが、もし初めて会う人で、しかも仕事の打ち合わせだったとしたら、なおさら不安な気持ちになります。

こうしたコミュニケーションの方法の変化によって、多くの人が不安を抱いていると思われる今、心の原理・原則や心理学の観点からそれを読み取って不安の解消を目指そう、というのがこの本の目的です。

全3章で構成し、それぞれ「マスクをつけての対面」「パソコン画面越しでの会議や打ち合わせ」、そして、人と会わないことでやはり増えている「メールやＬＩＮＥでのやりとり」におけるさまざまなビジネスシーンでのコミュニケーション上の悩みを取り上げ、その対処法を心理学などの面からアプローチしています。今日からでも応用できるコミュニケーションのコツをわかりやすく紹介しています。

本書を手にとってくださったみなさんの心が少しでも軽くなり、コミュニケーションがスムーズになるようでしたら幸いです。

目次

part2

オンラインでの心理術

part3

メール・LINEでの心理術

〈 part 1 〉

対面での心理術

コロナ禍の状況であっても、人に会わないまま生活をすることはできません。それが仕事であればなおさらです。そこで、この章では、人と対面する際のコミュニケーション方法を紹介します。

マスクの着用で第一印象が残らない

第一印象で失敗しても挽回できる

初対面の印象が薄い

　新型コロナウイルス感染症対策として、人と会話をするときにマスクの着用が推奨されてから1年以上経ちました。オフィスではもちろん、外出先において対面で打ち合わせをするときにも、マスク着用で会話をすることが通常になっています。

　仕事先の相手が初対面の場合は、会話をしながらどんなに目を合わせても、その人のことを、マスクをつけた顔でしか記憶することができず、どうしても第一印象は薄いものになってしまいます。そして、それは相手にとっても同じことがいえます。

　たとえば、初めての仕事先とマスクを着けて打ち合わせをする場合、どのようなことに注意すれば、相手に良い印象を残すことができるでしょうか。

ビジネスマナーが第一印象を向上させる

初めての緊急事態宣言から約1年。これまでわたしたちが対面で行ってきたコミュニケーションのあり方は、ガラリと一変してしまいました。リアルな対面の場では、人の顔の印象の大半をになっている口元が〝マスク〟で隠れてしまうために、「表情が読み取りにくい」「声がくぐもって聞き取りづらい」などの弊害がともなうようになりました。

人と対面するときは、つねにマスクを着けなければならない「マスク着用時代」において、初対面の仕事先に良い印象を残すためには、何に気をつければよいのでしょうか。

そのカギを握るのは、ビジネスマナーにおける「初頭効果」（後述）にあります。

マスク時代のコミュニケーションと聞くとすぐに、目で笑うコツなどの細部に気持ちがいってしまいがちですが、その前に意識しておくベースがあります。誰もが社会人になりたてのころに身につけた、今となってはあたり前すぎてすっかり自己流となっている**ビジネスマナーの基本を改めて見直すことが、第一印象の向上につながります。**

たとえば、第一印象を向上させるマナーとしてはどのようなものがあるのか、いくつかピックアップしてみましょう。

第一印象を良くするマナー

①タイムマネジメント（時間の管理）を厳守する
②立ち姿や姿勢を美しく
③初対面のアイコンタクトを大切に

誰もがストレスを感じがちな時期だけに、**相手を尊重する基本的な配慮が良い印象を強化します。**約束の時間通りにきちんと打ち合わせを始める時間厳守は、基本のマナーです。

また、対面のコミュニケーションで大切になるのは、その人全体の印象です。背筋をピンと伸ばして胸を張ることで、自分に自信をもっている印象が伝わり、相手に信頼感を残せます。最初のあいさつは、必ず目と目をしっかり合わせて。

このように、マナー、上半身の印象、視線のアクションと、トータルな観点からの第一印象づくりを心がけましょう。

✿第二印象で好感度のリカバリー

前述の初頭効果とは、第一印象は人の好き嫌いに大きな影響を与える現象のことです。提唱したのはアメリカの心理学者のアッシュです。彼は架空の人物の特徴について、ポジティブな形容詞から読み上げたときと、ネガティブな形容詞から読み上げたときでは、聞く側の中でどのように印象が変わるかの実験を行っています。果たして前者の場合は良い印象の人物、後者の場合はその逆の印象でとらえる人のほうが多く、第一印象は最初に入ってきたイメージに左右されることがわかりました。

しかし、初対面のために会話がしっくりこなかったという場合もあるはずです。そんなときには「第二印象」での挽回を目指しましょう。第二印象とは、コミュニケーション論における造語で、**会話のやりとりをすることによって形成される印象**のこと。もととなる心理学の理論に「親近効果」があげられます。提唱したのはアメリカの心理学者のアンダーソンで、情報量が多い場合、**人は最後に提示された情報に影響を受けやすい**ということが実験によりわかっています。つまり、後日であっても良いコミュニケーションを積み重ねることで、挽回がはかれるということです。人として良い印象をもってもらえる工夫から始めてみてください。

マスク越しだと感情が伝わりにくい

視覚的なアプローチで表情を伝える

顔の半分が隠れてしまうマスクの壁

マスク着用の日常になってから、自分の意志を伝えたり、感情を表現したりすることが、以前とくらべてむずかしくなっています。会議室で大きなテーブルをはさんで一定の距離を保って話をしていると、結局はオンラインと同じくらい、おたがいの表情がよく見えないこともあったりします。

身振り手振りをつけたり、声を大きく張りながら話しても、感情が伝わらなければ、かえって空回りしてしまいます。

誰もがこれまであまり気にしてこなかった、人との対話。マスクで顔の半分が隠れている際に、気をつけなければならないこととはなんでしょうか。

✿マスクありでも〝笑顔〟を作る

わたしたちは人とコミュニケーションをとるときに、音声や言葉よりも、**視覚から入ってくる情報を優先して相手の印象を判断する傾向をもっています。**マスクを着けたことで表情がつかみにくくなった状態では、相手に話が伝わりづらいと感じさせてしまいます。また最近では、目の下ギリギリくらいまでマスクでぴっちりと顔を覆っている人も少なくありません。そのように、顔の表情の大半が隠されてしまう状況で、どのようにコミュニケーションをとるのかが悩みどころです。

その解決方法として、相手の表情を読み解こうとするのではなく、まずは**自分のほうからわかりやすい感情表現のアピールをしていくこと**が突破口となります。そのための3つのポイントを紹介します。

- **目の形が三日月になるくらい思いっきり目尻を下げて笑う**
- **声をワントーン高く発声して、笑顔を感じさせる〝笑声（えごえ）〟を出す**
- **話し方はできるだけクリアに、聞き取りやすく**

マスクを着けた状態での感情表現

これまで笑顔といえば、両方の口角をキュッと上げて、相手に白い歯を見せることが重要視されてきました。しかし、マスクを着けていると口元を見せることができません。

そこで、まずは鏡の前で、**マスクの内側で口角を上げ、頬の筋肉を使って、目が三日月の形に近づくように優しく笑ってみましょう**。

さらに話すときにはワントーン高い声で、**目を閉じたときに声だけでも笑顔が想像できるような、朗らかな〝笑声〟**を心がけましょう。

話すときは少しゆっくりと、**口をしっかりと開けてはっきりした声を出す**のがポイントです。感情を込めながら少し抑揚もつけるとより伝わりやすさが増します。

（なお、話し方のコツは89ページでも追って解説します）。

複数の手段を使って感情表現を

先ほど紹介したのは、接客業や営業に従事する人たちが実践している「ノン・バーバル」（非言語）コミュニケーションの基本です。**人はふだん、無意識のうちに表情や仕草、音声といった非言語手段を用いて周囲にメッセージを送っています。**そして、それらの情報を手がかりに他者の感情を読み解いたり、反応を返したりしているのです。

ちなみに、アメリカの人類学者のバードウィステルによれば、**1対1のコミュニケーションにおいて、非言語手段でメッセージを伝達できる割合は約65％**とのことですから、個別の対話の場合はその効果は大きいといえるでしょう。表情と声に加えて、うなずきや身振り手振りなどのボディランゲージまであわせて用いることで、相手に対してより積極的なアピールになり、**マスク着用の対話の場に、リズムや変化をつけることが可能**になります。

いちばんの基本は目の表現から。前項でもお伝えしたようにアイコンタクトや目元の笑顔を意識しながら、日々を過ごすようにしてみてください。

対面で話すときの距離感に悩む

身体的アプローチで心の距離を縮める

人との距離をどこまでとるのか

1年前に政府[※1]が推奨した新しい生活様式は、一定期間守れば以前の生活にもどれるのではないかと多くの人に期待されてきました。しかし、今では引き続き、コロナ禍前とは異なる新しい生活様式で日常を送らなければならないことを、誰もが少しずつ体感しています。

どこにいても、ひとりひとりの距離を取ることがルールとされている今、オフィスに出勤しているときには、どこまで気をつけなければならないのか。また人との距離ができてしまったことによって、仕事におけるコミュニケーションで配慮しなければならないこと、あるいは、欠けてしまった部分をフォローするためには、どのようなものがあるのでしょうか。

仕草やジェスチャーで距離をうめる

新型コロナウイルス感染症防止対策として、人との距離をとることを呼びかけるソーシャル・ディスタンス（社会的距離）が世の中にすっかり浸透しました。改めて、具体的にどのくらい離れればよいのか、なぜ、その距離なのかをおさらいしてみます。

厚生労働省は、ソーシャル・ディスタンスとして保つべき距離は、最低でも1メートル、できれば2メートル以上とるように推奨しています。その理由は、新型コロナウイルスが飛沫感染で人にうつることにあります（飛沫は接触感染も招きます）。飛沫は咳で2メートル、くしゃみで3メートル飛ぶとされており、その考え方でいくと、わたしたちはつねに距離感を意識していなければなりません。

また、ソーシャル・ディスタンスという言葉の響きが社会的なつながりを断たなければならない誤解を招きかねないと、昨年9月にＷＨＯ（世界保健機関）が「フィジカル・ディスタンス」（身体的、物理的距離）〟に言いかえることを提唱しました。距離を置くことはそれだけ、人と人との心の距離や関係性を希薄にしてしまうおそれがあるのです。

それでは、物理的な距離によってそこなわれる親密さは何で補えばよいのかというと、その答えは**身体表現、すなわちボディランゲージ**にあります。

※1…厚生労働省ＨＰ「新型コロナウイルスを想定した「新しい生活様式」の実践例」（2020年6月19日）
https://www.mhlw.go.jp/stf/seisakunitsuite/bunya/0000121431_newlifestyle.html （最終閲覧日2021年8月24日）

対面時の身体表現

コロナ禍以降のオンライン会議のセオリーとして〝言葉よりもアクションが先〟ともいわれますが、リアルな対面であっても、マスクやアクリルパネル越しの場合はやはり同じです。**相手の話をうなずきながら聞くことは、相手への共感や理解を示す表現であり、相手の話をうながす効果があります。**

相手の主張に大きく同意する場合は、ひときわ大きなリアクションをとりましょう。**両手を組んでうなずいたり、軽くのけぞったりするなど、状況に合わせたオーバーリアクションで変化をつける**ことで、対話に弾みがつきます。

✿非言語コミュニケーションを応用

ちなみに、アメリカの心理学者でコミュニケーションの研究者でもあるナップによれば、非言語コミュニケーションの種類は、次の7つにカテゴリーされています。

①身体動作……身振り、姿勢、表情、視線、まばたきなど
②身体特徴……容姿、頭髪、スタイル、皮膚の色など
③接触行動……スキンシップなどの身体的な接触のとり方
④近言語……音声の特徴（泣き、笑いなどの言語に近い動作や、声の高低やリズムなど）
⑤空間の使い方……人との距離の取り方や着席行動など
⑥人工物の利用……メーク、服装、アクセサリーなど
⑦環境……インテリア、照明、温度など

こうしてみると、ボディランゲージ以外にもさまざまな非言語のコミュニケーションの手段があることがわかります。これらがオンラインでは伝えることのできない、〝空気〟の正体ではないかと考えると、マスク時代のコミュニケーションにも工夫の余地がありそうです。

目で笑うことがむずかしい

感情を言葉で伝えて補う

目だけで笑うことに慣れていない

マスク着用の生活が当たり前になってから、目で笑う努力を始める人が増えてきました。接客業のプロのスマイルを見ていると、目がきれいに三日月になっていて、目のあたりを見ただけでも「この人は笑っているな」という空気感がきちんと伝わってきます。

しかし、これまで主に口元で笑顔をつくってきた人にとっては、いざ実践しようと思っても、慣れるまでは目の表情をうまく作ることに苦労しているはずです。目元だけ笑うのがむずかしいときには、どのような方法でコミュニケーションを補っていけばよいのでしょうか。

感謝やおわびの気持ちを口に出す

これまでお伝えしてきたように、コロナ禍の生活ではオンラインはもちろん、オフラインのリアルな対面においても、**従来のやり方のままでは、やりとりできる情報量は大幅に減少してしまいます。**また、距離をとり、マスクを着けていることが前提にあるので、オフィスの中でのちょっとした立ち話や軽い雑談をすること自体がむずかしい状況です。屋外で立ち話をしたとしても、マスクで表情が伝わりにくいため、表情がとぼしいと、話し相手に冷たい人だと映ってしまうかもしれません。

目元や声の感情表現や身体表現は、視覚にうったえるアプローチとしては最適です。しかし、表現することが得意でない人もいます。声の大きさにおいても、「大きく・はっきり・ゆっくりと」を意識した発声をしても、**聞き取る相手によっては必ずしも、声が大きいほど聞きやすいわけではないこと**が、音声実験によって示されています。[※1]

つまり、**コミュニケーションを阻害する要因があるときに頼りになるのは、やはり言葉によるコミュニケーション**です。よく〝言わなくても伝わる〟といいますが、それは相手だのみの考え方。マスク着用生活では、感謝やおわびをきちんと言葉で伝える力が再評価されるのです。

※1…佐藤成美・山内さつき・高林範子ほか(2014)「音声分析によるマスク着用時のコミュニケーション方法についての検討」岡山県立大学保健福祉学部紀要, 21, 45-55.

電話での迅速な対応が大切

〈感謝を伝えるときのスタンス〉

リアルな場であっても、これまでのように〝空気や雰囲気〟では気持ちは伝わらないと心得て、**何かサポートしてもらったときには必ず、言葉やメールで感謝の気持ちやねぎらいをはっきりと伝えましょう。**

〈おわびを伝えるときのスタンス〉

おわびの際にはとにかく速さがカギを握ります。まず、電話で直接おわびを伝えることがマナーとして推奨されます。電話ならマスクなしでも大丈夫なので、言葉を尽くしておわびができます。

メールの場合も同様です。おわびの言葉は文面の最初のほうや冒頭に書きましょう。

✿メールの力も見直す

コロナ禍前の仕事におけるコミュニケーションでは、感謝やおわびの気持ちを、受け取る側が気兼ねしない程度のプチギフトで表すこともできました。たとえば、笑顔やリップサービスが苦手でも、手伝ってくれた後輩にお礼のドリンクを手渡したり、コンプライアンスを気にする企業でなければ、仕事で面倒をかけた取り引き先に、菓子や手みやげを渡したりすることでこちらの気持ちを示すことができました。

人が他者から利益や好意を受けた場合、それに対して同じように応えたいとする人間の心理から、こちらに見返りを求める下心がなくても、「好意の返報性」が縁をつないでくれる場合があったのです。

しかし、それらがむずかしくなってしまった今、代替えツールとして**〝もらってうれしい、感じのいいメールでのコミュニケーション〟**が考えられます。マスクを着けて目元だけで笑うことがむずかしい場合には、メールで言葉を送ることで、伝わらなかった気持ちを補足することができます。くわしくは143ページで、仕事のメールに温かみを加える方法や距離感を縮めるコツなどを紹介しています。

マスクを着ける日のメークに悩む

眉を短めにつくると目に力が出る

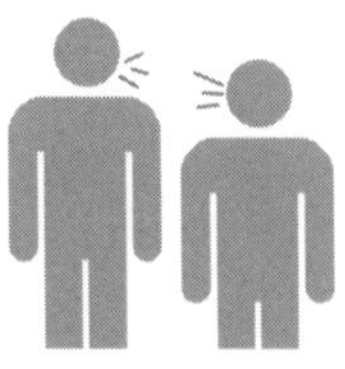

マスクを着けたときに効果的なメークとは

コロナ禍は、人々の勤務状況の多様化も加速させました。出社しなければ仕事ができない職種の人もいれば、会社がテレワーク（在宅勤務）を推奨するため、もう1年以上出社してないという人もいます。

社内ミーティングもつねに同じメンバーで行うため、オンライン会議はカメラオフで参加している人も中にはいるかと思われます。しかし、そんな自宅でオンとオフの切り替えもあいまいに仕事をしてきた日々も終了し、今後は少しずつ出社の機会が増えてくるかもしれません。

いざ、そうなったときにあわてないように、マスクを着けても感じの良い印象をつくるための、メークのポイントを整理しておきましょう。

眉と前髪と襟もとがポイント

マスクを着けて出勤する日のメークを考える際には、メーク単体ではなく、洋服の襟もとのデザインや前髪のつくり方までセットで考えた、トータルなバランスでみることが大切です。

〈マスクを着けてもすっきり見える洋服の首まわりのデザイン〉

マスクで顔の下半分が隠されてしまうため、襟元がほどよく開いていて、抜け感が出る服を選ぶと顔まわりがすっきり見えます。具体的には、VラインやUラインの服、シンプルなシャツなどがよいでしょう。避けたほうがよいのは、首がつまってみえるものやハイネック。フェースラインが目立ってしまいます。

〈マスクを着けても顔が明るく見える前髪〉

髪型は顔のフレームといわれるほど重要です。マスクを着けると顔の半分近くが隠れてしまうので、前髪は左右どちらか斜めに軽く流して額を出すか、眉が透けて見えるくらい前髪の分量を薄く少なくつくると、パッと見た瞬間の印象が軽やかになります。顔まわりにサイドの髪をつくってゆるくウエーブをつけると、動きが出て華やかな印象を演出できます。

アイメークが大切

〈目元を印象的にするアイメーク〉

まず、コンシーラーなどで目元のくまやシミをカバーしてからファンデーションを塗っていきます。**アイシャドウはまぶたが平面的に見えないように、立体感を意識しながら。**色は健康的なオレンジ系や、穏やかなブラウン系など。目の下はパール系のフェイスカラーをひと塗りして、明るさを演出しましょう。アイラインは目元をシャープに引き締める、リキッドタイプがおすすめです。

ポイントは眉のメーク。人の目は周囲の対象物に影響されやすく、物の大きさを本来とは違って判断することがあります。〝対比〟と呼ばれる目の錯覚を応用して、眉を短めに描くと、実際よりも目が大きく若々しい印象に仕上がります。眉尻を描くのは、目尻からまっすぐ上に直線をひいたあたりまで。短い眉が目元に力を与えます。

❀メークで自己充足度を上げる

女性がメークを楽しむ〝化粧行動〟[※1]のもつ心理的な効果について研究した実験によれば、つぎのようなことが明らかになっています。

新型コロナウイルス感染拡大による外出自粛要請が続く中で、目元の化粧と基礎化粧をしっかり行う人が増加しました。そして、化粧度が上がった人たちのグループはさらに、自分で自分を満たすことのできる「自己充足度」が向上していることが示されたというのです。

コロナ禍で社会のあり方や個人のライフスタイルもすっかり様変わりして、メークやファッションを楽しむことに対して、何となく気が引けるように感じられるかもしれません。

しかし、だからこそ、服やメークの力を借りて自己演出を楽しむことで、気分をリフレッシュさせましょう。そのことが自分を肯定する力を高めて、困難の多い現状をポジティブな気持ちで取り組める力が湧いてきます。

※1…一宮涼花・松村暢彦（2021）「化粧行為によるコロナ禍によって 潜在化した外出行動の回復効果」愛媛大学・社会共創学部
https://ssl.alpha-prm.jp/jcomm.or.jp/covid19/210309seminar/JCOMM0309seminar_matsumura1.pdf (PDF)

何色のマスクを選べばよいのか

カラーマスクで魅力的に見せる

✿ マスクの色によって印象はどう変わる？

顔の半分ほどを覆うマスクは、表情に変わってその人のイメージを形づくる存在になっています。そして、どんな色のマスクを身につけるかによって、その人の印象を大きく変えることができます。

最近では、ファッション雑誌でも、マスク込みでのコーディネート特集も組まれるほど、マスクはその人の全体の印象に影響を与えます。

職場の服装規律などと照らし合わせて、カラーマスクの着用がＯＫの場合や気心の知れた人と少人数で会うときなど、どのような色のマスクが自分の印象を高めてくれるのか、そのためのカラーマスクの選び方のポイントを紹介します。

クールは収縮色、柔らかさは膨張色

マスクに関するマナーは大きく変わりました。かつては職場でマスクの着用が禁止されていましたが、今や、マスクをしないで対面することは完全なマナー違反です。

初対面の相手や仕事相手との打ち合わせ、人前で話すときなど、相手に対して慎重さや誠実さを表現したり、安心感を与えたい場合には、白の不織布マスクを使用するのが、ビジネスマナーとして正解です。

ですが、もしもＴＰＯによってマスクの色を自由に選べるような機会があれば、印象を大きく左右する不織布のカラーマスクにトライしてみてください。

色には、人に与える重量感があります。「明度の低い色＝暗い色」ほど重たく見え、「明度の高い色＝明るい色」ほど軽やかに見えます。以前は、茶色だった引っ越し用の段ボールが、白色がメインとなったのも、茶色とくらべて白色は軽く感じ、作業効率がアップするためなのです。

色が人に与える重量感をマスクにあてはめてみると、淡いピンク色やブルー、ベージュやライトグレーなどの明るい色のマスクは、軽やかで柔らかい印象を与えます。反対に、濃紺や黒、カーキなどは、重たく、威圧的、内向的な印象を与えます。

マスクの色で変わる印象

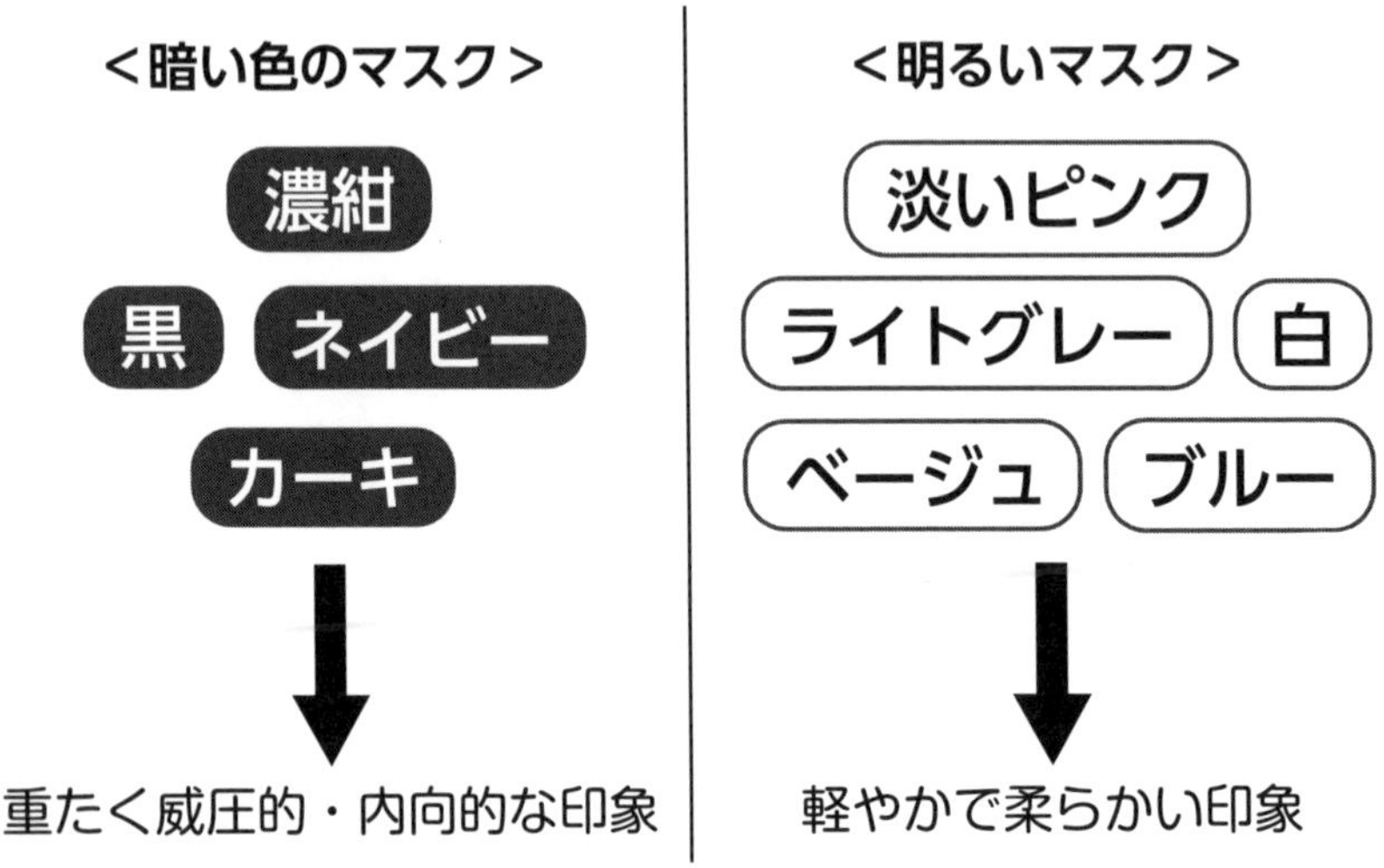
＜暗い色のマスク＞
濃紺
黒
ネイビー
カーキ
重たく威圧的・内向的な印象
＜明るいマスク＞
淡いピンク
ライトグレー
白
ベージュ
ブルー
軽やかで柔らかい印象

ただし、明度の低い黒やネイビーなど色は収縮効果によって、すっきりと引き締まって見えるという面もあります。収縮色のマスクは、ビジネスシーンではマナー違反に感じる人が多いため、避けたほうが無難です。

ただし、プライベートでクールな印象や小顔に見せたいときには、良い効果を発揮します。

反対に、白や淡い色といった明度の高い色は、相手にやわらかい印象を与えられますが、膨張色であるため、ふっくらとした輪郭に見られてしまうというデメリットもあります。

以上のように、カラーマスクは、自分が大切にしているイメージ、相手に与えたい印象に沿って、どの色にするかを決めることが肝心です。

マスクも入れて3色にまとめる

マスクで自分のイメージを作る場合、マスク単体ではなくトータルコーディネートで考えることも大切です。人は本質的に〝あいまいさ〟を苦手としています。このため分かりにくい見た目には不快感を覚え、わかりやすい見た目には快感を得やすいのです。オールブラックやオールネイビーなど、パッと見てわかりやすいワントーンコーデが、魅力的に映るのはそのシンプルさゆえです。

ワントーンで統一したコーディネートに、マスクの色も揃えれば、すっきりと見え、凛とした佇まいに仕上がります。

わかりやすい見た目という意味では、グラデーションコーディネート（1色で濃淡のあるコーディネート）も効果的。淡いグレーのマスクから、徐々に色を濃くしていき、ダークグレーのパンプスを履くなど、視線が上から下へといち方向に動く服装も、シンプルな見た目に映り、好印象を与えます。

NGなのは色を使いすぎること。カラフルなコーデに別の色マスクといった視線があちこちに飛ぶようなコーディネートは不快感を与えます。全身のコーデは3色までが基本です。バッグや靴の色にマスクの色をリンクさせるなど、シンプルに見せる工夫をしてください。

どうしたら人を惹きつける話し方ができるか

結論のタイミングを使い分ける

✿聞き手が退屈そうにしている

プレゼンなど大勢の前で提案をする場面や、会議で発言している際、聞いている人たちが退屈そうにあくびをしていたり、スマホをいじり始めたりする姿を見ると、途端に焦ってしまいます。

「もしかしてこの話は退屈なのだろうか……」

そんな不安が浮かんでしまうと集中力も低下します。相手のリアクションのないまま終了し、自分は人前で話すのは向いていないと落ち込んだことのある人もいると思います。

同じ内容を話す場合でも、人の興味を惹きつけ、最後まで前のめりで話を聞いてもらえる人は、〝結論〟をいつ提示しているか、そこにコツがあるようです。

✿相手との信頼関係の有無が基準になる

ミステリー小説や映画でも最初に犯人がわかる衝撃的なシーンがあり、そこから謎解きが始まるパターンと、平穏な日常からだんだんと不安やドキドキ感をあおり、最後の最後に犯人が明かされるパターンがあります。

このように、結論を〝最初〟にもってくる「アンチ・クライマックス法」が効果的なのか、それとも〝最後〟にもってくる「クライマックス法」が有効なのかは、相手との関係性や状況によって変わります。

判断の決め手となるのが、一般に信頼関係の有無です。人の話を聞く集中力は最初の3分を境に低下していくといわれています（諸説あり）。まだ知り合って間もない人に向けて話をする場合など、興味をもってもらえそうにないのであれば、最初に結論について話をして、相手の興味を惹きつけたほうがうまくいきます。

すでに話に興味をもっているのであるなら、背景や原因から話し始めて徐々に結論にもっていくクライマックス法が、起承転結で話の抑揚やリズムの強弱をつけることができて、さらに興味を倍増させるように話を展開させられます。

結論の場所は相手のニーズによっても変わります。内容を早く知りたいという場合には最初

結論のタイミングは相手との関係次第

	アンチ・クライマックス法	クライマックス法
話への興味	興味なし	興味あり
相手のニーズ	内容を早く知りたい	内容をくわしく知りたい
話の強調点	インパクトのある結論	おもしろい過程

に結論を語るほうがスムーズですし、背景や問題が起きた原因などくわしく知りたい場合には結論は最後に話すほうがいいです。

また**結論にインパクトがあるのか、それともオチは弱いけれどその過程におもしろさがあるのか**によっても使い分けられます。

インパクトがあるなら、最初に結論を話しても場の雰囲気を盛り上げることができます。

反対に、弱いオチを最初に話してしまうと相手の興味も削がれてしまうので、順を追って話し、少しずつ相手の気を引くほうが良いといえます。

このように、結論を最初にするか最後にするかは、話への興味、相手のニーズ、話の強調点によって使い分けてください。

真っ先に相談したい数を伝える

結論をどこで話すかは、相手との立場の違いによっても変わります。上司が相手なら結論から話すほうが良いとされます。「この間の打ち合わせでクライアントが～、あともう1点ご報告がありまして～」などといつ終わるのかわからないような話し方では「で？　話は何？　結論は？」と急かされてしまいます。まずは「○○さん、～と～の件でふたつ相談したいことがあります」と何を目的に話かけているのかを述べて、何があったのかの出来事を話せば、相手もあとどれくらいこの話が続くのかが予測できてイライラしません。

一般的には**男性には結論を先、女性にはあとに話す方が聞いてもらえる**といわれています。また、理系タイプは結論から話されることを好み、文系タイプは背景や事実を説明しプロセスも踏まえた上で結論を聞きたい人が多い傾向があります。

これは夫婦やカップルにも使えます。女性の悩みごとに男性がアドバイスをしたら「指図しないで！」と怒られるのはよくある話。男性に話を聞いてほしいときは「今日は嫌なことがあって話を聞いてもらいたい。アドバイスが欲しいわけではないの」と最初に結論を言うと、自分の役割を心得た男性はいい聞き役になってくれるなど、ムダなけんかを避けられます

相手や状況によって、いつ結論を言うのが効果的かを考える習慣をつけてください。

仕草からわかる相手の本音とは

肯定や否定の気持ちは動作に現れる

心の状態は声や表情以外でも

対面で話しているとき、わたしたちは会話の途中でさまざまなことに気づきます。「あれっ？　今、顔がこわばった気がする。この話題はまずかったかな……」「今日は声も明るくて機嫌が良さそう、何かいいことでもあったのかな」などと、相手の表情や声のトーンから心理状態を予測して、それに応じた話題を選んだり、または変えたりしながらコミュニケーションをとっています。

相手の心理状態を判断するのは、何も表情や声のトーンだけではありません。じつは、仕草も重要な情報のひとつなのです。

相手への肯定や否定の気持ちはどんな仕草になって現れるのでしょうか。

❀手や手のひらを見せないのは気まずさの表れ

口に出せないさまざまな感情や思考は、無意識に仕草や動作として体に現れます。**体の中でも、とくに雄弁に心理を語る部位は「手」**です。

相手にどれだけ心を開いているか、話の内容にどれだけ興味をもっているかは、手の動きに出てしまうのです。そして相手のほうも、無意識のうちに手の動きから、その人の本心を察しています。

数人でミーティングをする場合、それぞれの人の手がどこにあるかに注目してください。その位置によっても心のオープン度合いをはかることができます。たとえば、手を見えるように机に置いている場合は、相手のことを信頼している、隠し事がない、心を許していることを表しています。さらに、手のひらを見せて両腕を広げるのは、相手を歓迎しているという温かい感情から出てくる仕草です。

その反対に、手をテーブルの下に置いて相手に見せないよう隠しているのは、隠しごとがあったり、気まずい思いをしたりしているときの仕草です。ほかにも、こぶしを強く握っている場合は、何らかの感情を抑え込んでいる状態です。ひどく緊張していたり、強い怒りを感じていたり、もしかしたらお手洗いに行きたいことを言い出せずにいるのかもしれません。

仕草でわかる相手の心理状態

＜興味・関心がない＞　＜興味・関心がある＞

仕草の中で、正直な気持ちが表れやすいといわれている部位が「足」です。

座って人と対面しているときは、表情や上半身は相手に見られているという意識がはたらくため、ある程度コントロールしようとします。ところが、相手からは見えない足はつい気がゆるんでしまい、本音が仕草として現われてしまうのです。話に飽きてしまった、話を早く打ち切りたいなどのネガティブな気持ちは、たいてい足の向きに現れます。

人は無意識に好きな人の方を向く習性があるので、足先をこちらに向けているときは、あなたに興味がありますという心理が、足先がそっぽを向いていれば、少しでも早くここを離れたいというサインです。

✿相手を受け入れている仕草で好印象を与える

心の中で思っていることが無意識の仕草に表れてしまいます。これを逆手にとって、仕草を使って自分の気持ちをアピールし、相手から好印象をもってもらうこともできます。

先述した手は、「手の内を見せる」という慣用句どおりの意味があります。開いているか閉じているかで、自分のテリトリーに入ってもOKというサインを送っているのです。そこで、相手を受け入れていることを知ってもらうためにも、距離を近づけたい相手とのミーティング中は、手は隠さずにつねにテーブルに置くように心がけてください。

反対に、テーブルの下に手を隠す、ポケットに手を入れてしまうといった仕草は、相手を拒否しているポーズです。ましてや、テーブルの下で携帯をいじるなんて言語道断。うっかりやってしまうこともあるかもしれませんが、すぐに改めるようにしましょう。

手を隠すという意味では、**腕を組むことも相手からの防衛を現しています**。商談であれば、「本音は言いたくない」「隠し事がある」といったサインと受け取られる可能性もあります。

何気ないクセであっても、その仕草を見た人からは、悪い印象をもたれてしまいます。

逆に、相手から腕組みをされたり、足先の方向が自分に向いていないことに気づいたら、話題を変えたり、早めに切り上げることが関係性を悪化させないためにも有効です。

目の前の相手よりスマホを優先してしまう

スマホを見える場所に置かない

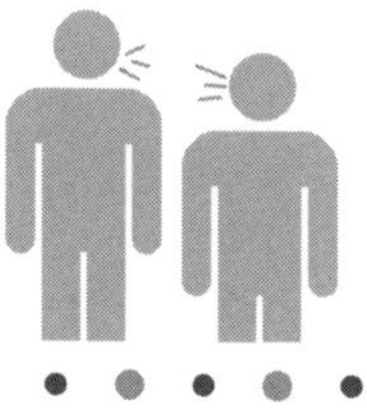

相手との関係を壊すスマホいじり

朝起きたら真っ先にスマホを手にして、寝る直前まで画面を見つめる現代人――片時も携帯を離さず電車やカフェなどいたるところでスマホの画面を見つめる人の姿が、当たり前の光景になりました。ひとりの時間なら問題はありませんが、人と会っているときのスマホいじりをめぐってはさまざまな意見があります。

たとえ、目の前に話し相手がいてもＬＩＮＥなどＳＮＳからの通知が届くと、わたしたちはつい反応してしまいますが、なぜ目の前の相手よりもスマホが気になってしまうのでしょうか？　対面中の場合、関係性を悪化させないためには、スマホをどのようにあつかえばよいのでしょうか？

✿脳からはドーパミンが出ている

現代人は、平均で1日4時間もスマホにさわっているというデータもあるほど、スマホはわたしたちのライフスタイルに欠かせないものとなりました。

ビジネスシーンでは、会議中に携帯をさわる相手を見て「話の途中で携帯を見るなんて、失礼な人だな」と思った覚えがある人もいるはずです。

立場が上の相手が目の前でスマホをさわっていると、「この話に興味がないのだろうか」「退屈だというアピールだろうか」などと頭の中であれこれ考えて不安になってしまいます。

仲のいい相手と会っているとき「今いっしょにいるのにスマホばっかり見ないで！」と怒ったり、あるいは怒られた経験をした人も多いはずです。仕事中やプライベートに関わらず、わたしたちは目の前の人が携帯を見ていると、疑いや怒りを感じ、関係は悪化してしまいます。

なぜ、そこまでスマホが手放せないのか『スマホ脳』の著者で精神科医のアンデシュ・ハンセン氏によるとそれには脳内のドーパミンに関係があるとのこと。幸せ物質といわれるドーパミンは、期待の大きさに応じて増えるといわれています。投稿した写真にどれくらい「いいね！」が付いているのか、今スマホを開いたらどんな新しい情報があるのか、そんな**期待と同時にドーパミンが出ること、その快感がやめられない**わたしたちはいつしかスマホが手放せな

スマホいじりを含む良くない仕草

スマホにさわる	➡	その場の集中力が失われる
必要以上に髪にさわる	➡	自信のなさを表している
腕組みをする	➡	相手に威圧感を与える
目線を合わせない	➡	相手に興味がないと思われる
頬づえをつく	➡	相手に話がおもしろくないと思われる
いすの背にもたれかかる	➡	相手に関心がないと思われる

くなっています。そして、スマホに夢中になるあまり、相手が怒っていることにも気づかない、そんな悪循環が始まるのです。

先述した『スマホ脳』によると、友人とのディナーの感想を300人に調査した研究で、スマホが人間関係にどれだけ影響を与えるかがわかりました。

被験者Aチームは、食事中にメールが届くからとスマホをテーブルに出していてもらい、Bチームはスマホを出さずに食事をしたところ、AチームはBチームにくらべて、ディナーがいまいちだと感じたという結果に。

つまり、**スマホがテーブルにあるだけ**で気持ちがもっていかれてしまい、**目の前の人といるのが少しつまらなくなってしまう**のです。

スマホをいじらずにいると、人間関係が改善される

ＳＮＳを介して不特定多数の人とつながることは刺激的で楽しいことです。ですが、目の前にいる人をないがしろにしてまで没頭していると、人間関係は希薄になります。

その人との関係を大切にしたいなら、**会っているときはスマホを見える場所に置かず**、前の前にいる人との時間に集中してください。

人の行為、とくに好きな人の行為は「ミラーリング（現象）」といって伝染しますが、たとえ相手がスマホをさわっていたとしても、あなたはさわらずにいることが大切です。

ビジネスシーンにおいても、ひとりが携帯をさわることで全体の集中が失われてしまいます。誰かが携帯をさわる行為にあなたが影響を受けなければ、そのうち、あなたの行為が全体に伝わって、皆が会議に打ち込める環境ができます。

スマホは楽しさも提供してくれる一方で、「スマホ病」「スマホ疲れ」など、その人の心身を疲弊させるものでもあります。あらゆる電子機器を断つ「デジタルデトックス」は、ストレスが減り、安心が増えて、心の余裕が増すという心理的な効果もあります。普段のインプット過剰な状況から離れると、ビジネスの新しいアイディアが湧くなどのメリットも。家族や友人と、あえて電波の届かない場所に出かけるのもおすすめ。関係性がより強くなるはずです。

知り合った人となかなか親密になれない

シンクロして親近感を抱かせる

1回の対面で、距離を縮めたい

どれだけ電話やメールのやりとりを重ねても、対面でしかわからないことがあります。同じ空間にいるだけで相手の気持ちや温度感が伝わってくるなど、直接会うことでしか得られない情報もたくさんあります。

仕事やプライベートで対面の機会が減っている今、一度の機会を大切に、その時間を有意義なものにしたいと誰もが思っているはずです。

対面後、「会って話せてよかった」とお互いに思えるような、直接会っているときにしかできない方法でぐっと距離感を縮める方法とは。

✿シンクロで気持ちにはたらきかける

仲の良いカップルや夫婦を観察しているとある共通点が見えてきます。それは、いっしょにいるときのふたりの仕草がおどろくほど似ているということ。ふたりは無意識に同じタイミングで、同じ動作をしていることが多いからです。

これは「**ボディシンクロニー**」といわれており、**親しみや好意をもっている人といっしょにいると、自然と相手と同じ仕草を取ってしまう**行為のことです。

ボディシンクロニーは、本来は自然に起こるものですが、**距離を縮めたいと思う相手に対して、あえてシンクロを起こすことで気持ちにはたらきかけることができます。**このように、動作に限らず、話す速度や声のトーンや大きさ、うなずきの頻度やタイミングを合わせることを「**ペーシング**」といいます。つまり、相手の動作をまねしたり、相手と話すペースを同調させたりすることで、自分に好意や親しみの感情を覚えてもらい、ふたりの距離を縮めることができるのです。

ボディシンクロニーは、勇気を出して何か言葉を伝える必要はなく、動作や仕草など非言語の領域で距離が縮まるのですから、気になる人や大切な友達、仕事相手など、立場や関係性に関わらずどんな人に対しても活用可。シャイで奥手、自分の気持ちをどう表現していいかわか

相手との距離感のとり方

＜声のトーン＞

シンクロを感じる

↓

相手に友好的な気持ちがあるため、
そのままのトーンを保つ

シンクロを感じない

↓

良い印象を相手にもたれていないため、
ていねいな接し方をくずさない

＜動作＞

相手に気づかれない程度に、
自然な感じで相手の動作を
まねする

らない人にも有効な心理術といえます。

また、このシンクロによって自分の好意を伝えるだけでなく、相手の好意の有無を推しはかることもできます。

仕事の打ち合わせの最中に、相手から仕草や動作、声のトーンなどのシンクロを感じたら、それはあなたに友好的な気持ちをもっていたり、信頼関係を築きたいと思っている可能性があります。

反対に、こちらの声のトーンに相反するような調子で話すなど、合わせる気がないと感じる場合は、相手があなたにあまりいい印象をもっていない可能性が大。その場合は、無理に距離を近づけようとせず、ていねいな接し方をするように心がけてください。

✿相手のまねをナチュラルに

「相手の動作をまねする」だけなので、むずかしいことはありません。相手が飲み物を手に取ったら、自分も取る。脚を組み直したら、同じように脚を組み直す。

注意してもらいたいのはわざとらしくまねをして、相手に気づかれてしまうこと。そうすると、相手は警戒し、不快に感じるかもしれません。**あくまでナチュラルに行うこと**がポイントです。たとえば、話をしている途中に相手が脚を組み直したら、こちらも会話をとめることなく脚を組み直すなど、不自然な間をつくらない工夫が必要です。

動作や仕草、声だけでなく、言葉のまねも有効です。相手が昨日は読書をしていたと言った場合、「いいですね」と返すだけでなく、「読書ですか、いいですね」と相手の言葉をなぞったうえで、感想をプラスすれば、より相手の話を興味深く聞いている雰囲気が出ます。ただし、これも過度にやりすぎると不快にさせてしまうので気をつけてください。

まねすることは今すぐにできる簡単なテクニックですが、わざとらしさがなく、自然に振舞える感覚を掴むまでは少々練習が必要です。

クライアントと会う前に、家族や仲の良い友達など関係のくずれない人を相手に、適度なバランスをつかむ練習をするのもいいかもしれません。

印象が薄くなりがちで、存在感を示すことができない

人と異なる行動をとり良い印象を残す

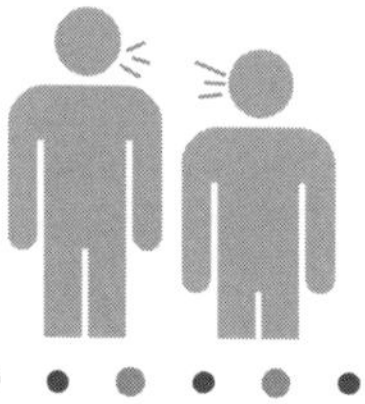

大勢の中から抜きん出て目立つには

同時にたくさんの人に会ったときに、なぜかひとりだけ強く印象に残る人がいます。
そういう人は仕事においてもいつも一目置かれていたりと、何をやっても、その存在感が〝良い意味で目立っている〟のです。

一方で、目立とうとした結果、場をしらけさせてしまう悪いところばかりが際立ってしまう〝悪目立ち〟する人もいます。

この違いは何でしょう? 同じ立場の人がたくさんいる場、いわゆる横並びの状況で良い目立ち方をするにはどんな行動が有効でしょうか。

❀目立つと高評価を得られやすい

「出る杭は打たれる」ということわざがあるように、日本では目立つ人は、周りからとやかくいわれやすく、ねたまれるという風潮があります。目立ちたがり屋という悪い意味の言葉があることからも、日本では目立つことはあまり歓迎されていません。

でも、だからこそ、そのほかの大勢の人と違う行動をとることで、簡単に相手の印象に自分を残すこともできます。

初対面の場合、大勢がいる中で瞬時に存在感を表すためには、何はなくともまずは見た目で差をつけることが大事。最近の研究では、**人は相手の第一印象を0・2秒でジャッジする**といわれています。しかも、最初の印象はその後も長い時間続き、初対面の印象を覆すのはとてもむずかしいのです。

見た目の印象を簡単に変えるなんて無理だろうと思うかもしれませんが、じつは可能です。そのポイントとなるのが「姿勢」です。姿勢とは、自分のパーソナリティ（その人のもち味や個性）を表現するものであり、たとえば、ピンと胸を張り、あごを引き、肩を後方に引く——これだけで自信に満ちあふれたように相手からは見え、周りの人とは違う、抜きん出た存在感が示せます。

人に高く評価される方法

＜社外では＞

- 評価を受けたい人物から、顔がよく見える位置に座る
- 自信に満ちた話し方や声のハリを意識する
- 堂々とした態度をとる

＜社内では＞

積極的に発言することで
周囲との違いを示し、
ポジティブな印象を周囲に与える

ある実験では、「**顔がはっきりと見えるだけで、評価が上がる傾向がある**」との結果も出ています。

AさんとBさんのふたりが話しているところを周囲から見たときに、Aさんの顔がよく見える位置にいた人は、AさんのことをBさんよりも地位や立場の高い人と評価し、Bさんの顔がよく見えた人は、Bさんのことを立場や地位の高い人と評価したのです。

「顔が見えるだけで？」と思うかもしれませんが、これは「**顕著性効果**」**といって、周りの人よりも目立つ人が評価を得やすいという心理効果**なのです。スッと姿勢を正せば、相手から自分の顔がよく見えますから、これも顕著性効果のひとつといえます。

✿目立つことで第一印象を大幅アップ

「顔が見えることで評価が上がる」心理効果を仕事に活かすならば、ミーティングなどで座る位置は、自分が評価を受けたい人からよく顔の見える場所が正解です。

また顔が見えるだけでなく、顕著性効果を正しく発揮するためには、姿勢に加えて、自信に満ちた話し方や声のハリ、あわてず堂々とした態度など、視覚や聴覚から人の気を引けば、第一印象は大幅に上がり、それから先も持続して評価してもらいやすい状態を作り出すことができます。

ただし、これらは相手からの印象が決まる前の初対面や初期のころには効果を発揮しますが、毎日会う上司やつき合いの長いクライアントに使えるテクニックではありません。

彼らに対しては、行動で違いを見せることが必要です。たとえば、全員が黙っている場面で積極的に発言をしたり、誰も手を挙げないような場面で「わたしにやらせてください！」と挙手するのも有効です。相手に「この人はリーダーシップを取れる人だ」「自分の意見をしっかりもっている人だ」といったポジティブな印象を与えることができます。

逆に、目立たないことで目立つこともできます。雑用や面倒な仕事など、人がやりたがらない地味なことを引き受けることで、評価につながることもあります。

会議がいつもうまく回らない

有利に事を運べる席に座る

席順が会議の成功に影響している

社内でのミーティングやクライアントとの商談の場で、「今日は目の前に座った相手から反対意見ばかりが出て、うまく話が進まなかった」という日もあれば、「リラックスした状態で話ができ、スムーズに進んだ」と感じるときがありますね。

これはもしかしたら、誰がどこに座るか、その位置が大きく関係しているかもしれません。反対意見が出やすい席や、自分の意見に賛成してもらいやすい味方になりやすい席など、会議において誰がどの席に座るか気を配ることができれば、意見が通る成功の確率は高まります。

会議や商談を上手く進めるために、あなたの座るべき席はどこなのか。

座る位置によって人の印象は変わる

アメリカの心理学者のスティンザーが30年かけて研究した、小集団における心理効果で「スティンザー効果」と呼ばれるものがあります。これは、少人数の集団が会議でひとつのテーブルに座る場合、どこに座るかによって、その人との関係性に違いが現われるという心理効果です。

社内の会議での座る席については、部屋に入った順に適当に座っているということも多いと思いますが、じつは、場を支配しやすい席、対立しやすい席、影響力をあまりもたない席など、座る位置によって人に与える印象が変わるのです。

その傾向とは以下のようになります。

①真正面に座る人とは対立しやすい

相手に威圧感を与える位置関係。過去の会議で意見がわれて言い争いになったなど、すでに対立関係にある人たちが選びやすい位置関係でもあります。また正面の人とは、ライバル関係に陥りやすいという傾向があります。

座席の位置関係で与える印象

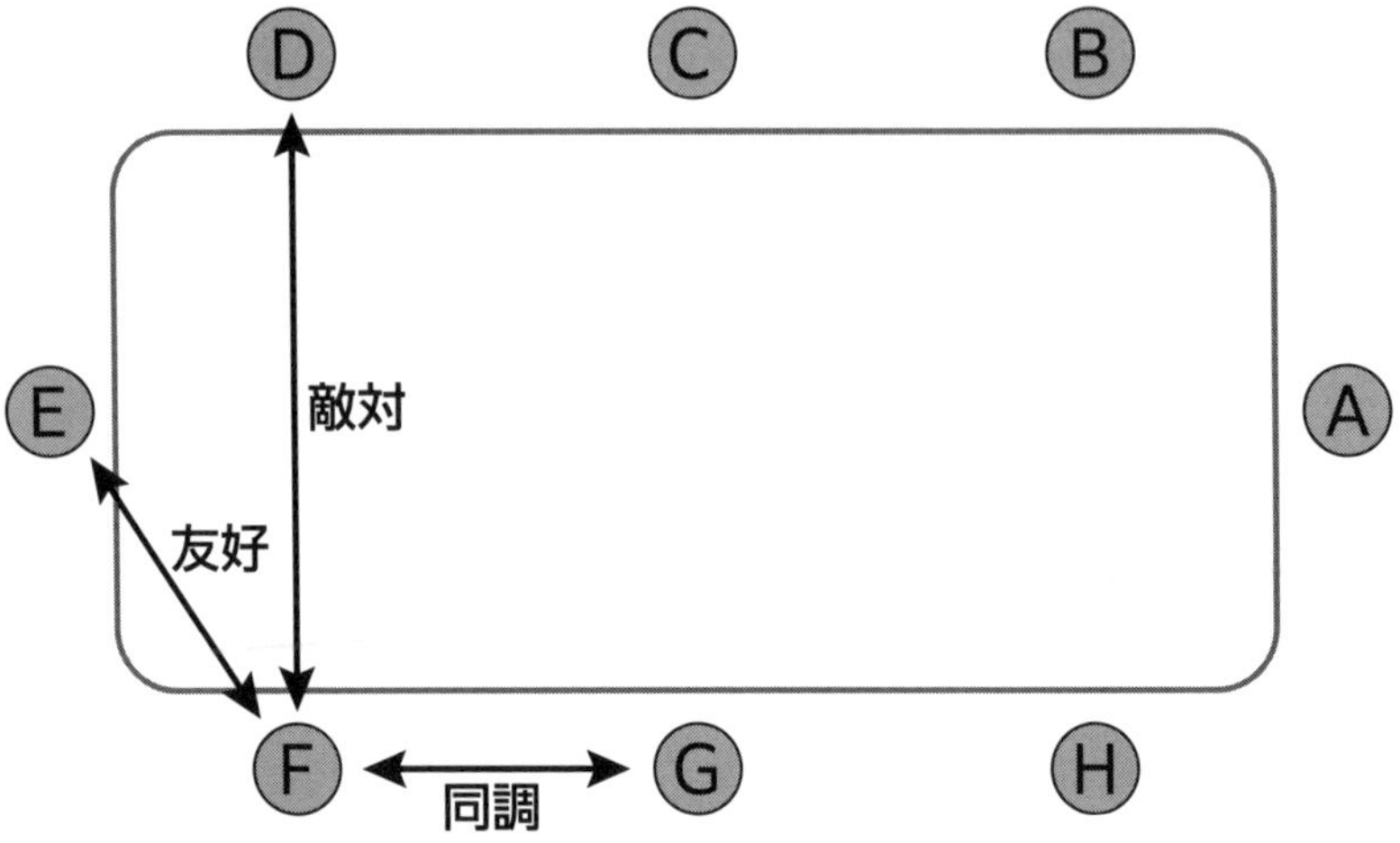

②隣に座る人同士は同調しやすい

同じ意見をもつ人たちが横並びになりやすく、たくさん空いている席の中からあえて隣に来る人はあなたを頼っている場合も。

③斜めは適切な関係性を築きやすい

意見が衝突しにくく、緊張がほどけて、親しくなりやすい位置関係といえます。

このスティンザー効果を利用して、カウンセリングなどでは、①と②の中間である③の並びで座ることが多いのもうなずけます。

相手の顔がほどよく見え、また、目線を時折そらすことも自然にできる位置関係は、対立せず、かといって同調しすぎず、心を開きやすい状態がつくりやすいのです。

❀説得したい人の隣か斜めの席に座る

スティンザー効果の位置関係は、それぞれ心理的な距離を示しています。心理的距離の遠い正面、心理的距離が近い隣、そして心理的距離がほどよい斜めの席です。

会議での席を、スティンザー効果を念頭に考えるならば、「この人のことを説得したい」と思うキーマンがいる場合は、その人の正面に座ることは避け、隣の席か斜めの席に座るのがよいことがわかります。交渉や商談を強気に進めたいときは正面に座るのもよいですが、円滑に友好的に進めたいとき、真正面は避けてください。

大事な会議があるときは、同僚や上司に正面に座ってもらうようお願いし、対立の関係に陥りがちな席は仲間の人に埋めてもらうという手段もあります。

また、会議で影響力があるのは、A、C、E、Gです。自分主導で進めていきたいときは、そのどれかに座るとリーダーシップを発揮しやすくなります。逆に、あまり目立ちたくない会議では、それ以外の席をねらってください。

スティンザー効果は、プライベートでも使えます。初めてのデートではテーブル席で向かい合って座るよりもカウンターを選んだほうが親密さは増します。話を聞くのに最適な斜めの位置関係を実現できるL字カウンターがあればベスト。ぜひ覚えておいてください。

コラム

マスク着用時代の不安の正体

コロナ禍をつねに意識しながら過ごさなければならない、ニューノーマル（新しい常態）な日々が続いています。マスクを着けたままのコミュニケーションにも、オンラインで行う会議にも慣れないまま、「この生活はいつまで続くのだろうか」とモヤモヤをのみこむ状態が続いていませんか。小さなストレスも蓄積すれば心の健やかさをそこないます。

そんなとき“ほかの人はどう感じているのか”を知ることで、ストレスや不安が軽くなる場合もあります。国土交通省の「平成31年度（令和元年度）テレワーク人口実態調査」によれば、「自宅に仕事に専念できる物理的環境」や「専念できる状況がない」と答えた人は11・8%いました。「個室や間仕切りによるスペースがない」「家事や育児を優先した」などが主な理由でした。周囲を見ても、家族とリビングのテーブルでパソコンを並べて仕事をしている人は少なくありません。ほかの人の状況を知ることで“しんどさを感じているのは自分だけじゃない”と、今の状況を少しだけ俯瞰的な視点で見ることができます。マスクで人の表情が見えにくい今、ほかの人の声にも耳を澄ませてみましょう。

〈 part 2 〉

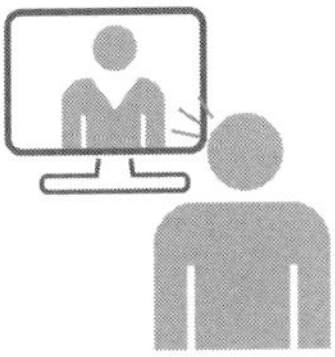

オンライン での心理術

テレワークの導入を進める会社が増えています。そのためパソコンを介した画面越しでのコミュニケーションにまつわる悩みが、多くの人の困りごととなっています。この章では、その具体的な対策について紹介します。

オンとオフの切り替えがつけにくい

出勤時のように身だしなみを整える

✿テレワークで公私の区別があいまいに

コロナ禍以降、テレワーク（在宅勤務）が定着し、通勤や身支度にかける時間が短縮できることをメリットに感じた人も多いようです。

しかし、仕事とプライベートの境があいまいになり、気づけば、長時間労働になってしまったという場合もあります。退勤時間を気にせずに続けられるので「あと少し、キリのいいところまで」などと根をつめてしまいがちで、起床や睡眠時間もまちまちに。たとえば、通勤していたときはある程度まとまった距離を歩けていました。ところが、それがなくなって、運動不足で体重が増えてしまったりして、仕事のモチベーションに影響が出ることもあります。

立て直すには、何から始めればよいのでしょうか。

✿〝行動の文脈〟でモードを切りかえる

時間の管理は、テレワークを実施するうえで大きな課題のひとつです。人の脳のメカニズムを用いて対策していきましょう。

わたしたちの脳は、外からもたらされる多くの情報や刺激を取り入れて瞬時に処理を行い、状況にあった行動を起こすメカニズムをもっています。こうした機能について研究する認知心理学に「**コンテクスト（文脈）効果**」と呼ばれる心理効果があります。これは人がものごとを理解する際に脳が行う情報処理の傾向で、ある情報の前後の状況やつながりによって、意味あいが変化する心理現象を示しています。ここでは、文脈を構成する、**いつ、どこで、何を、どのような、といった4Wの情報**に注目してみましょう。

たとえば、「起床」「リビングで朝食を摂る」「服を着替えて」「鏡の前でメークをする」といった情報は、これまでの習慣から脳が〝出勤する文脈〟と判断します。

今までなら、その後に「家を出る」「駅まで歩く」「通勤電車に乗る」などの環境の変化が加わり、その行動の意味が強化されてきました。ところがテレワークだと、そのような環境の変化がありません。部屋着のままでは、オンとオフを切りかえるスイッチを入れることもむずかしくなります。

朝の行動パターンの一例

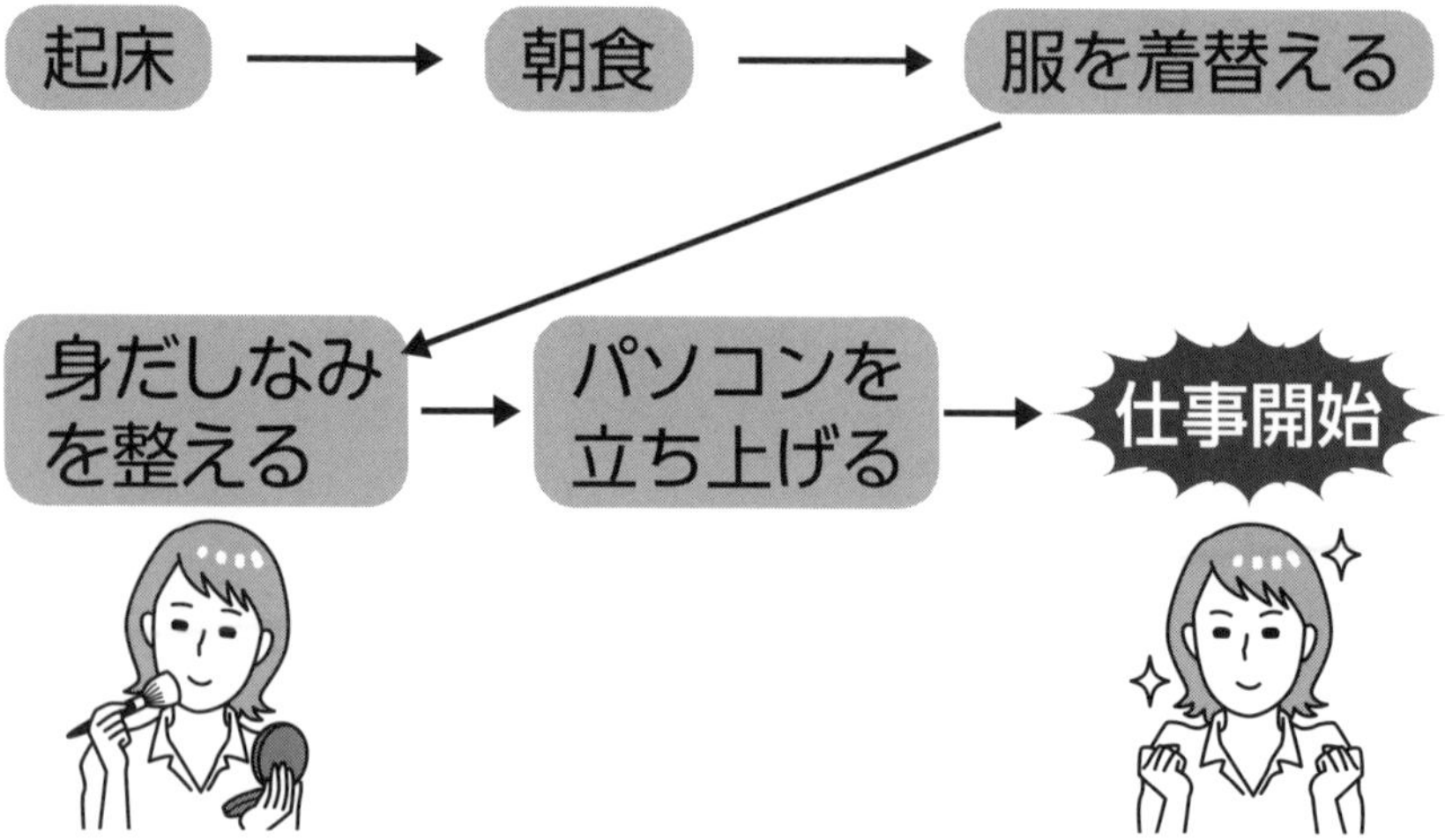

そんなときには**朝の行動をパターン化する**ことでコンテクスト効果を発動させ、スイッチをオンに切りかえるのです。具体的には「起床」→「朝食」→「服を着替える」→「身だしなみを整える」→「パソコンを立ち上げる」→「仕事開始」といった具合です。すると、在宅勤務であっても、脳が「あっ、これから仕事が始まるんだな」と判断して、パターンとしての認知が機能します。

逆に「仕事が終わった。ここからはプライベートの時間だ」と脳に認知させるための終業合図のルーティンも必要となります。そのために、「パソコンの電源を落とす」→「部屋を移動する」→「キッチンに立って夕食づくり」など、終業から次の場面に切り替える行動の流れを作ることによって、脳のスイッチをオフに切りかえます。

生体リズムの助けも借りる

オンとオフの時間管理を習慣として定着させるには、生体リズムを整えるとより効果的です。**人の体にはサーカディアンリズムと呼ばれる約24時間周期の生体リズムがあり**、これが仕事の効率にも少なからず影響をおよぼします。在宅勤務の日が続くことによって乱れたリズムを「体内時計のスイッチを入れてリセット」することで整えるのです。前述したコンテクスト効果と、体内時計のリセット行動を組み合わせたメソッドを作成してみました。パターン（ルーティン）として1週間ほど続けることで、朝の目覚めが変わってきます。

①毎朝同じ時間に起床したら、窓を開けて目の中に陽の光を飛び込ませ、体内時計のスイッチを入れる（体内時計をリセット）

②服を着替えて、身だしなみを整え、パソコンを立ち上げる（始業のコンテクスト）

③1日の労働時間を決めて、終業以降はパソコンをさわらない（終業のコンテクスト）

ベースにしたのはスポーツ心理学で用いられるアスリートのルーティンです。決められた行動を行うことでリズムを整えてくれる効果があります。体内時計をリセットして、コンテクスト効果でオンとオフの時間管理を行うことを、新たな習慣として取り入れてみてください。

オンライン会議での印象を良くしたい

照明やカメラなどの基本環境を整える

✿カメラ越しの自分の印象が不安

『オンラインでの会議が苦手です。取引先の方とオンラインで打ち合わせをする機会が増えていますが、毎回緊張してしまいます。画面越しだと、その場の空気がつかみにくいので、自分が相手にどのように映っているのか、話した内容は相手にきちんと伝わっていたのかどうかが、わかりません。そのため会議が終わると、たいてい反省モードになってしまいます。

事前準備として、会議前には自分のカメラ映りを確認したり、声がきちんと拾えているかマイクのチェックもしています。オフィスっぽい雰囲気のバーチャル背景も使い始めました。ほかにも、何かできる準備があれば知りたいのですが……。』

こんな悩みを抱えている人も多いようですが、ちょっとした基本環境を整えるだけで印象が良くなります。

❀画質を上げて相手に好印象を抱かせる

どんな時代もビジネスマナーの基本は相手への配慮です。相手の立場に立ってものごとを考え、相手の負担感を少しでも減らすための気配りをすることが大切です。

それでは、オンライン会議の場合は、何に配慮すべきでしょうか。国土交通省の調査[※1]によれば、テレワークを実施した人のうち18・9%の人が「営業・取引先、同僚や上司などとの連絡・意思疎通に苦労した」と回答しています。パソコンの画面越しでは、**細かい表情や視線などの非言語情報を読み取ることがむずかしく、相手の感情を把握しづらい**ことから、やりづらさが生じてしまうのです。

そこでおすすめしたいのが、映像の質を高めるための照明、Ｗｅｂカメラを準備することです。一般的にパソコン内蔵のカメラ機能を用いると、映像は少しぼやけます。光量が不足する夜などは顔の輪郭や表情がさらにあいまいになり、相手に与える印象はあまり良くありません。**外付けのＷｅｂカメラを設置すると、画質も音もクリアになります。さらに照明を加えることで、肌の色も明るくなります。**照明は顔に影をつくらないリング状のライトがおすすめです。Ｗｅｂカメラもライトも、手ごろで性能の良いものがネットで各種販売されています。

カメラと照明をセットしたら、必ず事前にモニターでどのように自分が映っているかを確認

※1…国土交通省「平成31年度(令和元年度)テレワーク人口実態調査 - 調査結果の概要 - 」(２０２０)「テレワーク(在宅勤務に限る)を実施してみて問題があったこと」https://www.mlit.go.jp/toshi/daisei/content/001338545.pdf(PDF)

オンライン会議時の基本環境

してください。映りの良い見やすい映像を届けられることを確認できれば、安心感も生まれます。

アメリカで非言語コミュニケーションを研究するバードウィステルによれば、**1対1の対話におけるメッセージの伝達力は、約65%が表情や会話の間など、言語以外の手段によって伝えられるこ**とがわかっています。コミュニケーション研究においては、非言語要素の重要度が証明されているのです。

前述したように、Ｗｅｂカメラやライトで自分の見た目（非言語情報）を見やすい映像で届けることで情報が伝わりやすくなり、映像を見た相手に良い印象を抱かせることができます。結果、そのことが会議にも良い影響をもたらすのです。

❀ 会議なら照明の色は明るい白がおすすめ

また照明の色は、人の心に心理的な効果をもたらします。※2 認定人間工学の専門家によれば、業務の目的に合わせて照明の色と明るさを工夫すると、仕事ぶりが変化することが報告されています。

オンライン会議の場合、全員が同じ色の照明で参加することはできません。しかし、**会議の目的にマッチした照明の色を選んで参加する**ことで、相手にあなたのやる気をアピールすることができるのです。業務の目的に合わせた、おすすめの照明の色は次のとおりです。自撮り用のリングライトには、色を変えられるタイプの商品が多いので、購入する際の参考にしてみてください。

・短時間でひとつの結論を出したいとき……集中力の上がる明るく白っぽい光の照明
・良いアイディアを出したいとき……少し黄色みのある穏やかな光

最初のイメージがその人自身のイメージを決定する「初頭効果」は大切です。初対面の場合はとくに、オンラインの第一印象をよくする準備を心がけましょう。

※2…ＷｅｂＤｏｍａｎｉ「認定人間工学専門家が指南！ 知らなかった！ 照明の使い分けでパフォーマンスは変化する【ワーキングマザーの仕事術】」（２０１９年5月29日）
https://domani.shogakukan.co.jp/186296（最終閲覧日２０２１年8月24日）

会議の際の画面背景や服装に悩む

状況に合わせて色を使い分ける

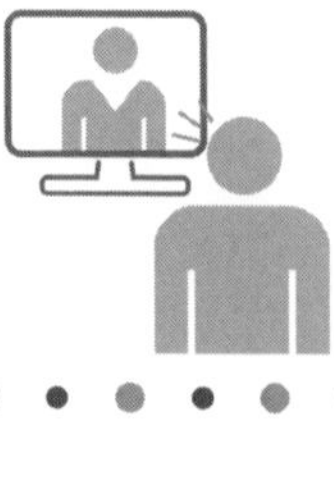

❀その場の空気感がつかみづらい

社外の人とのオンライン会議やミーティングの際の服装も、困りごとのひとつです。業種や世代にもよりますが、カジュアルな服装の人もいれば、きちんとしている人もいます。会議の前にその日の参加者の顔ぶれを想像しながら服選びをしても、入室した瞬間に「しまった。今日は読み違えた」と冷や汗をかくこともあるかもしれません。

画面の背景についても、リアルな背景の人あり、バーチャルな背景の人もありと、その人の好みにゆだねられます。さらに、服装と背景の組み合わせも悩みどころです。

❀当日の空気を会議ツールから推測する

オンライン会議の際の服装や背景選びも、正解のない悩ましい問題です。まずは〝オンライン会議ツール〟ごとに若干異なる、映像の画質を把握しておくことをおすすめします。そこに、その日の会議の方向性のヒントが含まれているからです。

たとえば、大人数が参加するセミナーから少人数の知人の集まりまで、幅広いシーンで用いられることの多いＺｏｏｍの場合、ビデオフィルタ機能で映像の補正ができるので、Ｗｅｂカメラやリングライトを組み合わせると、実際よりも明るい肌色で映る効果が期待できます。

一方で、セキュリティの高さがうたわれていることから大手企業のテレワークでも用いられることの多いＭｉｃｒｏｓｏｆｔＴｅａｍｓの場合は補正機能がないので、ビジネスの場にふさわしい実務的な空気が漂います。それぞれの機能の特徴から、次のような演出が考えられます。

・Ｚｏｏｍ……肌色補正×バーチャル背景の効果で、明るく軽やかなイメージを演出できる
・Ｔｅａｍｓ……リアルな背景で真面目なイメージを演出できる

色と服装で自分の印象を形成

会議ツールについては、各企業で用いるツールが推奨されている場合が多く、ホスト側が選ぶかたちになります。ツールから当日の空気を読み取ることが、事前準備のベースとなります。

基本的には、服装も画面背景も相手の目を疲れさせない淡い色やシンプルな絵柄がよいでしょう。なぜなら、視覚から入る情報や要素を抑えることで、おたがい話に集中しやすくなるからです。

ランチミーティングのＺｏｏｍ会議なら、白やベージュを基調とした自宅の応接間風のバーチャル背景×白シャツで軽やかに。**大切な会議なら、部屋の白壁などを背景に、誠実な印象の淡いブルー系のシャツ**がよいでしょう。発言の信頼性を高める効果が期待できます。

✿「白シャツ＋差し色」で印象を形成

色彩に対する人の反応を研究する色彩心理学では、人間関係を良くするための法則について多くの研究が蓄積されています。

わたしたちは視覚を通してさまざまな対象物や色彩を見てものごとを認知し、情報処理を行いますが、人の視覚は基本的には昼間の環境を重視した設計になっています。明るい印象をもたらすプレーンな白シャツは若さや清潔感を伝えますが、同時に強く冷たい印象も与えます。

しかし、**白をベースに淡い差し色を組み合わせることで、自分の印象を演出したいイメージに寄せることができる**と考えられています。差し色を使った具体例を紹介しましょう。

・親しみやすさを出したいとき……淡いピンクや橙色など、やわらかな印象を演出
・デキる人に見せたいとき……黒を投入してコントラストをつくり、強い印象に
・存在感を出したいとき……オレンジを投入してアクティブな印象に

差し色は、カーディガンなどのはおりものやベスト、首に巻くストールなどのアイテムを用いて、小さな面積でさりげなくとり入れるとより自然に見えます。

プレゼンで〝主旨が見えない〟と言われる

冒頭で全体の流れと結論を伝える

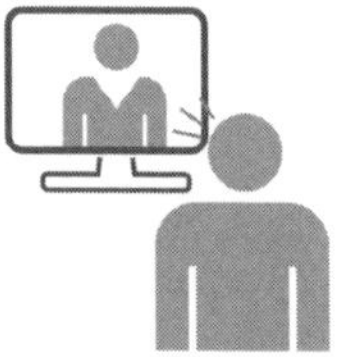

話しが伝わらずに空回りしてばかり

上司や同僚から「話しの主旨がよくわからなかった」と言われたことで、自分の発表に自信がなくなってしまい、オンラインでプレゼンをする際でもあがってしまうようになった、という悩みを耳にします。会議後に録画しておいた会議の映像を視聴して、自分の話が脱線したり迷走したりしていることに気づいてはいても、どうしてもうまく改善できない。これでは、上司や同僚からの指摘もやむをえないと、何か対策をうちたいとき。

話す内容は事前にパソコンで台本を書いてから臨むと良いのですが、オンライン越しに聞く相手に向けた話には、ポイントがあります。話しの組み立て方について、何をどう心がければよいのか、整理しましょう。

✿人は全体が見えると集中してくれる

まず、オンラインでのコミュニケーションには、オンラインならではのマナーがあることをふまえておきましょう。たとえば、オフラインのときなら、その場の空気を読みながら隣にいる人に話しかけたり、会議の参加者の反応を見ながらプレゼンをすることができました。

しかし、オンラインの場合は、おたがいの反応がわかりづらい環境といえます。そのため、自分の伝えたい内容をいかにわかりやすく相手に届けるかに注力しなければなりません。

その日伝えたいことをどのように話すのか。その構成については、教育やビジネスでよく使用される方法である「ホールパート法」が役に立ちます。ホールパート法とは、**最初に話の全体の流れと結論（Whole）を提示して、それについての詳細（Part）を部分ごとに説明したのちに、最終結論と要約（Whole）で話を締めくくる**というコミュニケーションの手法です。

人は話の全体像がわからないと、その話しを聞こうとしてくれません。ですが、この先の展開が想像できると、興味をもって聞いてくれます。

そこでまず最初に、全体の説明（今日のテーマ・時間配分・話の柱を3つくらい）と結論を提示します。たとえば、全体の説明の冒頭は次のようなイメージです。

ホールパート法の概略図

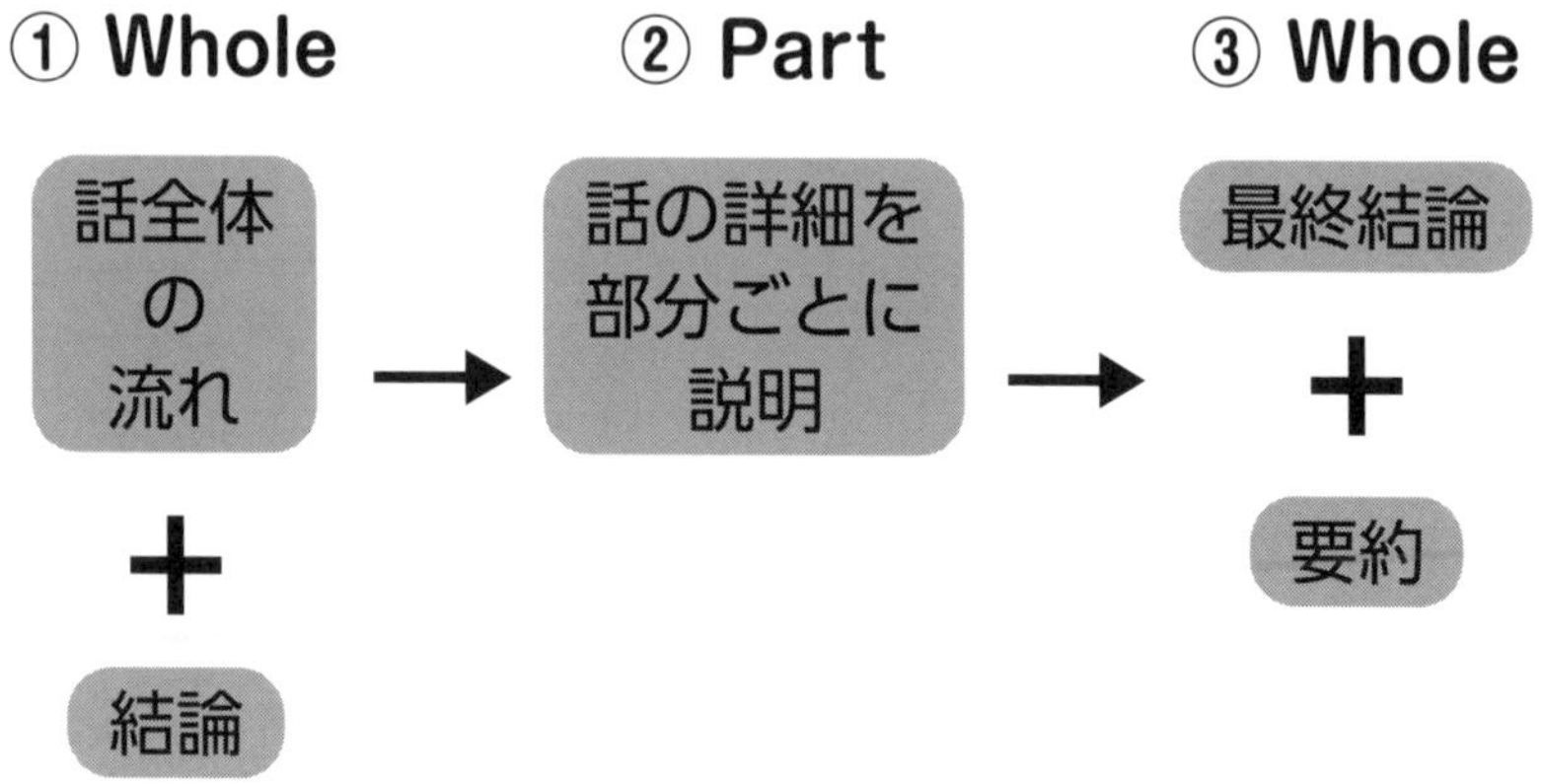
① Whole
話全体の流れ
＋
結論
② Part
話の詳細を部分ごとに説明
③ Whole
最終結論
＋
要約

「今日のプレゼンしたい内容は、業務改善の提案についてです。所要時間は30分、提案は3点あります。最終的には○○を導入できればと考えています。それでは3点の提案について説明させていただきます」と、全体像と結論を簡潔に伝えます。

それに続けて、「1点目の提案は〜、2点目は〜、3点目は〜」と部分的な説明についても順を追って行うことで、プレゼンの本編を論理的に展開することができます。

最後にもう一度、「今回は○○、○○、○○と3つの提案についてプレゼンさせていただきました。○○の導入の検討についてよろしくお願いします」と、全体を要約する形でしめくくります。

❀説得にはデータと理由づけの提示がカギとなる

多くの人にとって、〝あまりうれしくないことがら〟について、何らかの説得が必要そうなプレゼンをしなければならない場合があります。そんなとき、イギリスの分析哲学者であるトゥールミンの提唱する「トゥールミンの議論モデル」を使うと相手を説得しやすくなります。

このトゥールミンのモデルでは、結論を支えるデータと理由づけを大切にしています。まずはデータを提示することから始めます。次に、データから導き出された結論を主張します。結論を導いた理由づけについても説明して脇をさらに固めます。

たとえば、「連絡ミスが30％増えているので（データ）、申し送りは毎回必要です（結論）。なぜなら、ヌケモレが減少するからです（理由づけ）」と、たたみかけるように展開するのです。

人は自分にとって、うれしいニュースに対しては根拠を求めません。その一方、うれしくないニュースに対しては根拠を求めたがる傾向をもっています。そんなときに、結論を導いた根拠と、その理由づけをしっかりと話すことで、相手を納得させることができるのです。

目線を合わせることができない

アイコンタクトは強く訴えたいときに

❀画面を見ながら自然な視線を送るには

Ｚｏｏｍミーティングの際、目をどこに合わせればいいのかわからず、視線がさまよってしまいがちになっていないでしょうか。ミーティングの前に、モニターを見ながら試してみても、本番になるとせっかくの練習が活きないまま終わってしまう人もいます。

話している人の顔を見ていると、自分の顔が横向きになってしまうし、カメラ目線にするにしても、どのタイミングで話している相手と目を合わせればよいのか、わからなくなってしまうことも。また、いざカメラ目線を作ろうとしても、慣れないためか、うまく見つめ続けることができない人も少なくありません。どのようにすれば、自然な目線を送れるでしょうか。

✿自然にカメラを見るためのする

オンラインミーティングでの「視線が合わない」という問題。その解決法は「カメラを見ること」だと誰もがわかっていながら、答えを実践することがむずかしい難題です。わたしたちは、テレビにふだんから出演している芸能人やアナウンサーのように、カメラのレンズを見ながら自然に話すことに慣れていないため、すぐにうまくはできません。そこで、試してみてほしいことがふたつあります。

①カメラの周辺に、自分が笑顔になれる写真を貼る

自分が「見るだけで思わず笑顔になってしまうような写真」を、パソコンの内臓カメラのレンズの近くに貼ってください。たとえば、かわいらしい赤ちゃん、可愛がっているペット、自分にとって大切な人など、ポジティブな感情を呼び起こすような写真です。これで視線を置く場所が定まり、笑顔のスイッチが入りやすくなるのです。

写真が「人の笑顔」だとより効果的です。わたしたちの脳には、目にしたものを脳内で鏡のように再現する神経細胞が備わっています。そのため、他者の笑顔を見ると、楽しそうな感情が自分にも連鎖するのです。

＜笑顔になる小道具＞

もし、自分の顔を見るほうが落ち着くという人は、写真ではなく小さな鏡を設置しましょう。自分の表情をチェックしながらプレゼンを進めてみるのもひとつの手です。

②参加者画面をカメラの近くに置く

もうひとつは、参加者の画面をカメラレンズの近くに配置しておくことです。

たとえば、自分がプレゼンテーターとして話しをする場合、参加者の画面とカメラレンズが、一度に視界に入るように配置を変更します。そうすれば、参加者全員のリアクションを見ながら、自然にカメラ目線をとることが可能になります。

❀アイコンタクトの量は半分で大丈夫

対人関係の中で、視線は大きな影響力をもっています。これまでの研究[※1]から、視線には好意や魅力、信頼性や支配性にも関係することがわかっており、視線を向けた総時間が長いほど人から良い印象をもたれて、より好かれる傾向にあります。一例をあげると、自分に向けるアイコンタクトの量が多い相手に対して、人はポジティブな印象をもちます。

しかし、だからといって、オンライン会議の間、ずっとカメラを見つめ続けなければならないわけではありません。見つめすぎても、かえって居心地の良くない空気が生まれてしまいます。[※2]ほどよい視線の量は、対面している時間の半分から4分の3くらいの量で、もっとも友好度が高くなるという心理学の研究結果が報告されています。つまり、オンライン会議中の効果的なアイコンタクトは、すべきタイミングにしぼって行うことが大切になります。

・自分が進行役の場合……会議の最初と最後、強く伝えたい部分をカメラ目線で
・参加者の場合……発言するときにカメラ目線で

オンライン会議中の効果的なアイコンタクトは、すべきタイミングにしぼって行うこと。目線を効果的に使うことで、あなたの印象にもきっと違いが出てくるはずです。

※1…飯塚雄一(2004)「視線量の多少が印象形成に及ぼす影響」島根県立看護短期大学紀要 10, 69-76
※2…深山篤・大野健彦・武川直樹・澤木美奈子・萩田 紀博(2002)「擬人化エージェントの印象操作のための視線制御方法」情報処理学会論文誌 43(12), 3596-3606

身振り手振りはどれくらい必要か

意思表示の方法は臨機応変に

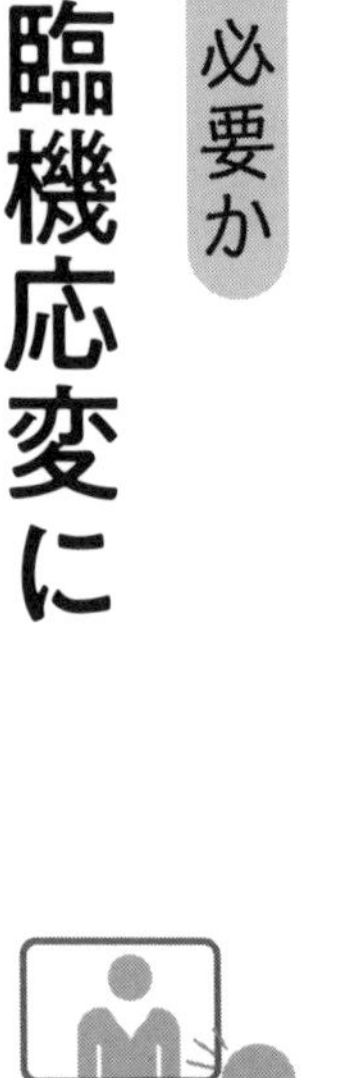

オーバーリアクションになってしまう

オンライン会議でのマナーを学ぶために、セミナーを受講する人が増えています。セミナーでは、オンライン会議の映像は鮮明ではないので、伝わる情報量が少ないこと。そのため、会議のホストが不安を感じないように、聞き手はリアクションを〝対面のときの2割増しで。重要な場面では3倍うなずくくらいのつもりで〟などと教わることがあります。

ところが、覚えたことを実践した会議を録画でチェックしてみると、ほかの参加者とは足並みがそろっていないなと感じることもあるかもしれません。適切なリアクションのさじ加減について考えてみましょう。

リアクションはポイントをしぼって

政府がコロナ禍における「新しい生活様式」[※1]の実践例として、テレワークを呼びかけてから1年半ほど経ちます。企業や個々人の環境や状況にもよりますが、オンライン会議を経験したことで、何となくでも、オンライン会議時のマナーが少しは身についたのではないかと思われます。

そこで、オンライン会議でのふるまいのポイントを、身振り手振りのさじ加減も交えて、あらためて具体的にまとめてみました。

〈オンライン会議のふるまいのポイント〉

・アナウンサーのように両腕を机の上に軽く置き、上半身で台形をつくって安定感を演出する
・大きなうなずきはひとつのテーマが終わったときのタイミングで、話のじゃまをしないこと
・身振り手振りは、基本的には自分が話しているときだけにとどめて
・手振りは、手を軽く前に出したり胸の前で組んだりするなど、画面に変化を添える程度のイメージで
・拍手をするときは相手から見えるように胸の前で小さく、笑顔も添えながら。

※1…厚生労働省HP「新型コロナウイルスを想定した「新しい生活様式」の実践例」(2020年6月19日)
https://www.mhlw.go.jp/stf/seisakunitsuite/bunya/0000121431_newlifestyle.html (最終閲覧日2021年8月24日)

話すときと聞くときのポイント

<発言を聞く側>

両腕は机の上に軽く置き、姿勢は前傾気味に。発言者のじゃまをしないよう発言しない

<発言する側>

話す最中に手ぶりする。表情は笑顔で

・発言したいときには軽く挙手をして、司会者に「どうぞ」と許可されてから

おおまかには、こんなところでしょうか。

心理学では、自分の心を開いて、他者の考えも取り入れることのできる人は、他者の心を開くことがうまいとされ、オープナー（ｏｐｅｎｅｒ）と呼ばれています。聞き上手でもあるので、相手と自分の間にある心理的距離を縮めることが上手です。

相手のことを気遣いながら、じゃまにならないタイミングでリアクションをしていく。何気ない仕草が、コミュニケーションの扉を開いてくれるのです。

「拍手」や「笑顔」などのアイコンも活用

オンライン会議のマナーとして、話している人のじゃまをしないために、話し手以外の人はミュート（消音）にしておくという暗黙の了解もあります。

オンラインだから明確にいち早くリアクションしなければと力が入ってしまうと、話し手の発言とぶつかってしまいます。相手が話を終えるまではミュートにして静かに耳を傾けましょう。何か反応したいときには、オンライン会議ツールのコミュニケーション機能を活用しましょう。「拍手」や「サムアップ」「笑顔」など、感情を表現するアイコンがあります。あるのは知っていたけれどまだ試したことはないという方は、ためらわずに思いきって使ってみてください。参加者全員が使えば、画面に一体感が生まれます。

発言者のコメントにかぶせる形で質問や問いかけをしたい場合は、タイミングを見ながら挙手をしてもよいですし、チャットのコメント欄に書き込むのも、流れを止めずに会議を活性化させるアクションにつながると思います。

公私を問わず、さまざまなオンラインの場に参加する経験が増えていくと、リアクション上手な人に遭遇することもあるでしょう。見ていて「なるほど、それもありだな」と感じたら、取り入れてみることで自分らしいオンライン会議のスタイルができてくるでしょう。

初対面の相手とすぐに打ち解けるには

自分についての情報を話す

自己紹介が段取りになりがち

打ち合わせや会議の冒頭で必要になる、アイスブレイク（初対面の緊張や硬い空気をほぐすための手法）に悩んでいませんか？ オンラインであっても、きちんと場の空気を作ってから話を進めたいとき、そのための導入はどのような話題を選べばよいのでしょう。

仮に、初対面の人が半数以上を占める会議の場合、最初に軽く自己紹介して、そこから一気に本題に入って意見を出し合い30分後には結論を出そうとすると、けっこう大変です。対面の会議なら、冒頭で名刺交換しながら雑談ができますが、オンラインでは、そういったやりとりができないので、「はい、自己紹介は誰からいきましょうか？」と、毎回、杓子定規な段取りになってしまいがちです。

ゆるやかな雑談を試みる

初めて接する相手に対して、いかに話しやすい空気を作りだすのか。このことは、人の話を聴くことを職業とする、カウンセラーが初回面談で心がけていることと似ています。最初に注力するのは、ラポール（信頼関係）の構築です。相談者の不安や緊張を軽減させ、安心感や信頼感をもってもらうべく、相手の気持ちに寄り添いながら理解しようとする態度で接します。しかし、テンポよく展開することがよしとされるオンラインの会議では、傾聴を意識しながら、場の空気をゆるめて、心を開いてもらう工夫をしたいもの。こんな工夫をしてみましょう。

〈開始5分前に入室して、雑談で場をあたためる〉

まず、自分がホストである場合に有効な方法です。5分前から入室できることをアナウンスしておき、早く集まってくれた参加者とたわいもない雑談を交わすのです。話題は相手を選ばない天候や旬のニュースなど。軽い雑談は口をなめらかにする練習にもなります。

〈チェックインとチェックアウトを行う〉

会議の冒頭では、初対面の緊張を氷を溶かすようにほぐす方法として用いられる、アイスブ

オンライン会議でのスムーズな意思疎通

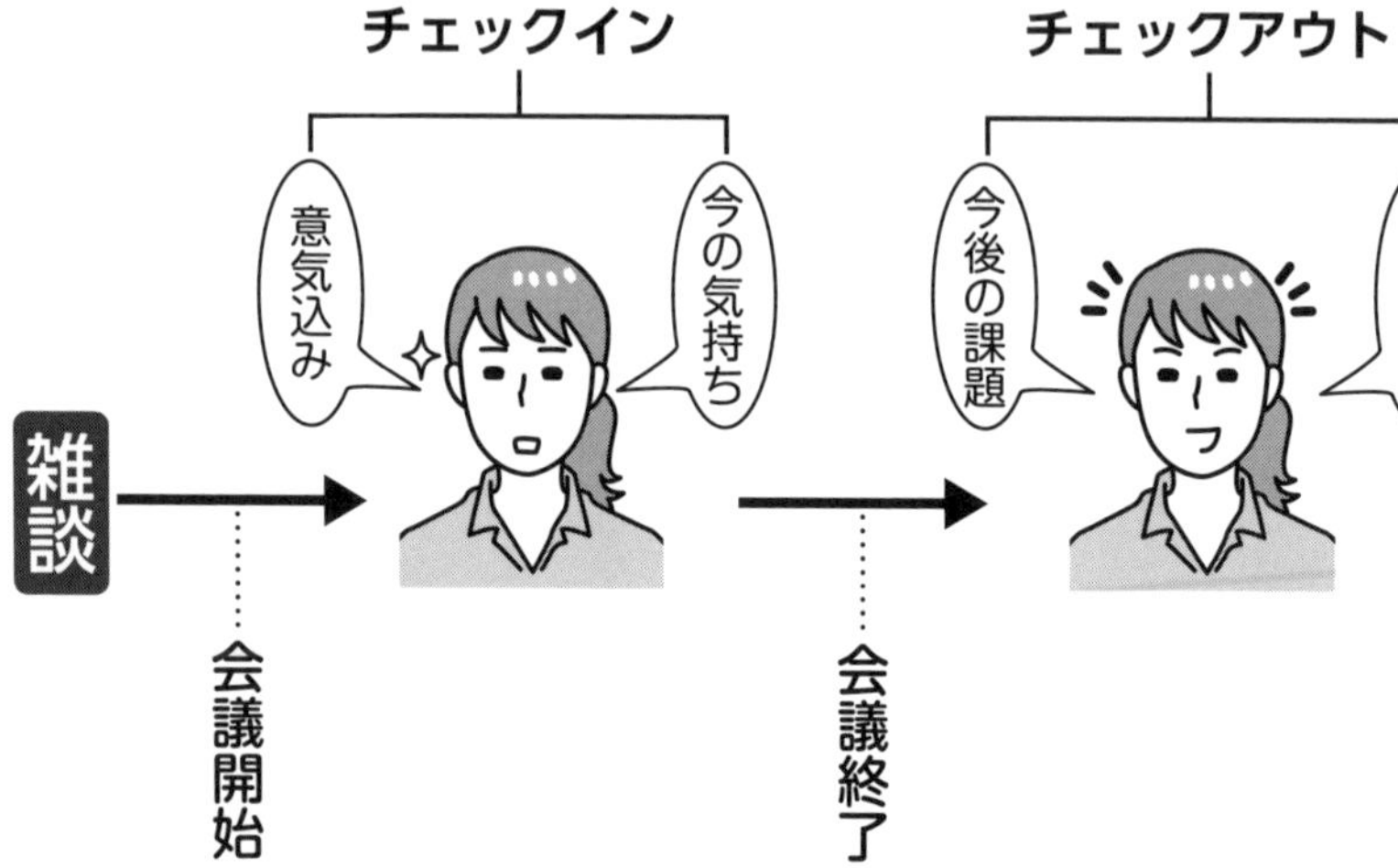
チェックイン
意気込み
今の気持ち
チェックアウト
今後の課題
行動目標
雑談
会議開始
会議終了

レイクを行いましょう。さまざまな手法がありますが、短時間の会議ではチェックインが効果的です。たとえば、簡単な自己紹介に加えて、会議に対する意気込みや今考えていることを、思いついた順に発表してもらうのです。

終了時には必ずチェックアウトも行います。議論を踏まえた今後の課題や行動目標などを、やはりひとりずつ発表してもらいます。

これらを行うことで会議の参加者同士で意思の疎通がとれ、次回までにすべきことも明確になり、ほかの人の意見や感想を聞くことで、一体感が高まる効果も生まれます。

✿先に自己開示すると相手も話しやすくなる

オンラインでの打ち合わせや会議の進行を担当するときは、冒頭で雑談やアイスブレイクを行う際に、自己開示を意識しながら進めてみてください。

自己開示とは、他者とのコミュニケーションの中で、自分のことを正直に話して伝えることです。人間関係は相手のことを理解しながら自分のことも理解してもらうことによって、少しずつ築かれていくものです。関係性を良好なものにするために必要なコミュニケーション・ツールのひとつであり、たがいに自己開示を重ねることで、心理的な距離感を縮めることができます。この場合の自己開示は、何かに対する感想など、軽いものでもかまいません。

たとえば、会議前の雑談で天候や話題のニュースについて話すときに、感情にまつわる言葉をひとこと入れてみましょう。「わたしもビックリしました」「あれはすごかったですよね」などと、シンプルでかまいません。相手との距離がグッと縮まります。仕事の近況だったら、具体的な数字やエピソードを明かすと相手に「情報を受け取った」という印象をもたらします。そしてチェックインの際には、今回の仕事に対する率直な気持ちを伝えましょう。こちらから気持ちを開示すると、してもらった分だけ自分も返したくなる「好意の返報性」が働いて、相手も同じように自己開示をしてくれて、会議にも弾みがつくはずです。

オンラインだと早口になってしまう

録画映像で客観的なチェックと練習を

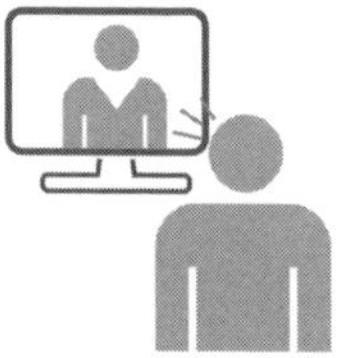

❀自分の話し方のクセを改善したい

オンラインでの話し方に自信がないという人が多くいます。議事録をとるために録画しておいた映像を見直して、自分の話し方がこんなに下手なのかとがっかりした経験があるかもしれません。だんだん早口になっていったり、思ったよりも地声が低かったので聞き取りづらかったり。社内の人なら気にならなくても、初対面の仕事相手にとっては、やはり聞きづらいのではないかと不安にもなるでしょう。

どのようなことに気をつけて、どのくらいのテンポで話せば、相手が聞きとりやすく良い印象を抱いてもらえる話し方ができるのか。プロの話し方から学びます。

❀ 1分間に240文字で話す練習から

そもそも、わたしたちはふだんどのくらいのスピードで話をしているのでしょうか。[※1]話すことのプロであるNHKのアナウンサーが1分間に読む原稿の文字数は、おおよそ300から350文字と決められているそうです。これは、話す技術をトレーニングしたプロによる〝聞く人にいちばん伝わりやすい理想の速度〟とのことです。ですが、わたしたちには技術もないうえ、オンライン会議では音声に若干のタイムラグもあります。

[※2]パフォーマンス学の第一人者である佐藤綾子氏が行った実験によれば、ふだん1分あたり266文字で話をしているスピーチを、オンライン研修の参加者に向けて240文字にして聞いてもらったところ、わかりやすいと好評だったそうです。やはりオンラインでは、**いつものペースよりも、ややゆっくりとしたテンポで話すこと**が大切であるとのことでした。

試しに、手元に240文字分の読むものを用意して、時計で測りながら音読をしてみましょう。**可能なら録画をして、あとで自分で確認してみてください。**実際にやってみるとかなりスローなテンポであることがわかります。ゆっくりと話す練習を重ねてみましょう。

少人数のミーティングの場合は、相手のリズムにペーシングするのもよいでしょう。ペーシングとはコーチングの代表的なスキルのことで、英語のpacing（歩調合わせ）が語源で

※1…矢野 香（2014）『【NHK式＋心理学】一分で一生の信頼を勝ち取る法』ダイヤモンド社
※2…佐藤綾子（2020）『オンラインでズバリ伝える力』幻冬舎

オンラインでの相手との会話

こんにちは
お久しぶりです
ゆっくり話す
今日はよろしくお願いします
こちらこそお願いします
相手の声のトーンに気を配る

す。相手にペースを合わせることで、信頼感や安心感をもたらす効果があります。

また、声に関する部分でいうと、声のトーンや大きさ、会話のスピードや抑揚などを、相手と同じように合わせるのです。

もし相手が早口だったら、あいづちや質問もテンポ良く、もしゆっくり考えながら静かな声で話すタイプだったら、同じように静かなトーンでといった具合です。たとえ、うまく話せなくとも、寄り添おうというあなたの気持ちが、相手にも伝わります。

❀事前に発声や発音のウォーミングアップを

印象が良い話し方をするには、自分の言葉が相手にクリアに聞こえることも大切です。オンライン会議前に時間がとれるようなら、**リハーサルをすることをおすすめ**します。

まずは、良い声が出る姿勢をとります。足を肩幅に開いて椅子に座り、背筋はまっすぐに伸ばして軽く胸を張ります。次にオンライン会議ツールを立ち上げたら、カメラのテストから始めましょう。モニターで映り具合いを確認したら、そのまま発音練習でウォーミングアップをします。**滑舌を意識しながら、**「あ、い、う、え、お」と1音ずつ口を大きく開け、**表情筋が動くのを感じながら、軽くお腹に力を込めて声を出します。** 3〜5回ほどくり返したら、冒頭のあいさつの練習も行います。続いて、箇条書きにしておいた会議で話す内容をカメラ目線で読み上げてみましょう。

慣れてきたら、**話の内容に合わせて声の抑揚を変えます。** 明るい話題のときには少し高めの声で張り気味に、業務連絡の場合は抑えめのトーンで淡々と。**話し方に表情やニュアンスを加えられると、聞き手の関心を集めることができます。**

オンライン会議が終わったら、うまくできなかったことはメモに記録して次回に備えるのも上達の近道です。自分の話す様子を毎回チェックすることで、改善する力がついていきます。

会議に協力的ではない人が増えている

理想的な参加のルールづくりを

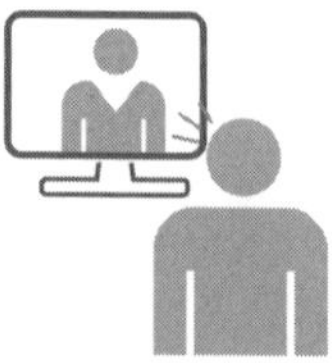

会話をさまたげる要素が多すぎて

会社にテレワークが導入されて1年。職場の人たちのオンライン会議の参加態度が、どんどん自由になって困っている会議担当の人もいるようです。騒音がもれ聞こえていても平気だったり、接続環境が悪くて入退出をくり返したりする参加者に注意をしづらかったり、「毎回同じメンバーなのだから、うちの部署はカメラオフで実施しよう」というケースもあるようです。問題が起こらなければそれでもよいのですが、あとになって「よく聞こえなかった」と問い合わせがきたり、何かと支障も生じます。

オンライン会議の進行役として、進めやすい環境を整えるにはどうすればよいのでしょう。

❀コミュニケーションをさまたげる要因を知ってもらう

オンラインによるコミュニケーションをスムーズに進めるために、知っておいたほうがよいことがあります。それは、**コミュニケーションには、それをさまたげる要因（ノイズ）がある**ということです。ノイズはひとりひとりの工夫や気遣いで減らすことができるので、事前に会議の参加者に案内しておいたほうがよいでしょう。

ここでは3つのノイズを紹介します。

・**物理的ノイズ**……騒音、聞き取りにくい小さな声など
・**心理的ノイズ**……先入観や思い込み、偏見など
・**意味的ノイズ**……相手が理解できない言葉や表現など

次に、これらを、オンライン時代ならではのノイズにあてはめて対策をしてみましょう。

〈物理的なノイズの対策〉

オンライン会議は静かな環境で接続してください。発言者が話しているときは、ミュート

コミュニケーションをさまたげる３種類の基本的な要因

（消音）にして待機します。さらに、パソコンの接続環境も重要です。途中で映像や音声が途切れがちにならないように、あらかじめ有線のＬＡＮケーブルの準備もしておくと安心です。

〈心理的なノイズの対策〉

フラットな気持ちで意見を聞きましょう。オンラインの場合はとくに相手の話をさえぎらずに、話し終わるまで黙って聞く姿勢が大切になります。

〈意味的なノイズの対策〉

業界用語や専門用語はなるべく使わないようにして、相手が理解できる言葉や表現を使うように心がけましょう。ただでさえ、長引くコロナ禍で相手が疲れている可能性があります。専門用語は、前後の文脈から、理解しやすいタイミングを選んで使いましょう。言葉選びにも、思いやりや配慮が大切です。

❀ビデオは必ずしもオンでなくとも大丈夫

会議中のカメラをオンかオフにするかについては、両論あります。ですが、直接会う機会が限られるテレワークだからこそ、画面越しに顔を見せることは大切です。

しかしその一方で、**カメラをオフにして音声のみで会議やミーティングをしたほうがリラックスして会議に臨めて情報が正確に伝わりやすい**という意見もあります。

[※1]音楽ストリーミングサービスのＳｐｏｔｉｆｙが、リサーチ会社のニールセンに依頼して行われた実験によれば、ブランド名を認知させるには、動画よりも「音声広告」を聞かせたほうが効果的だったという結果が出ました。音声がストレートにメッセージを伝えられると証明されたのです。

カメラオンとカメラオフ、どちらにもメリットがあります。時と場合によって両方を上手に使い分けてみてください。

ちなみに、オンライン会議で必ず顔出しが必要なシチュエーションがあります。言うまでもなく、初対面の相手とのオンライン会議がそれにあたります。また、**オフラインで会議を行う際にも、会議の始まりと終わりには必ず顔を合わせる時間**をもうけましょう。

※1…東洋経済オンライン「動画より「音だけ」のほうが伝わる、意外な事実 脳波測定が実証した、音声の「伝える力」の凄さ」Spotify 制作：東洋経済ブランドスタジオ（２０２０年12月23日） https://toyokeizai.net/articles/-/395213（最終閲覧日8月24日）

Zoom営業でアピールするには

パワーポイントで視覚にうったえる

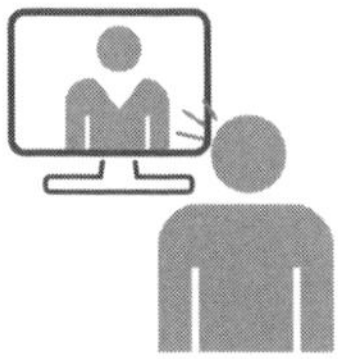

オンラインでのプレゼンのコツを知りたい

これまで、商談のときには直接会って話をするのが当たり前でした。対面の場合は、相手の反応を見ながらニーズに沿った提案ができるので展開もスムーズです。

しかし、コロナ禍以降、商談や営業もオンライン中心のやりとりになりました。気軽なオンラインミーティングから、本腰を入れた営業まで、アピールする場が変わってしまったのです。

たとえば、先方からの「具体的な資料を見せて欲しい」というリクエストに応えて、これまで使ってこなかったパワーポイントでの資料づくりに取り組むようになった人もいるでしょう。オンライン越しに見てもらうときに効果のある資料やプレゼンの方法は、どのようなものになるのでしょうか。

オンライン越しに見て聞くストレスへの配慮

オンラインとオフラインの違いにかかわらず、**人は五感のうち、最も多くの情報を視覚から取り入れている**という、研究報告があります[※1]（視覚80～90％）。必要な情報をきちんと伝えることが重視されるプレゼンの場では、耳から音声として聞くだけでなく、**視覚にうったえることがより強いアピールにつながります。**

93ページで紹介したコミュニケーションをさまたげるノイズの法則を応用して、オンライン営業で効果を発揮するプレゼンテーションのポイントをまとめました。コミュニケーションをさまたげる要因には、物理的、心理的、意味的と、3つの留意点がありました。その3項目にそって解説をしていきましょう。

〈物理的なノイズを減らす〉

プレゼン資料の視覚的な効果を工夫することで、ノイズを減らせます。

・文字の大きさをオンラインで見やすい大きさに調整しておく
・1枚のスライドにメッセージはひとつ
・言葉で説明しづらいことは、図や写真などのビジュアルを補足して説明する

※1…加藤宏（2017）「「視覚は人間の情報入力の80％」説の来し方と行方」筑波技術大学テクノレポート25（1），95-100，

視覚にうったえるプレゼン

・スライドの枚数は少なめに
・文字の色は同系色でシンプルに

〈心理的なノイズを減らす〉
理解するにあたって感じるストレスを減らす。
・スライドに情報をつめ込みすぎない
・「○行目を見てください」など、スライドのどこの話なのか、案内しながら進める
・話し手と利き手の情報処理の時間には差があるので、反応を見ながらゆっくり話す

〈意味的なノイズを減らす〉
相手が理解できない言葉や表現を使わない。
・スライドとは違う話題を出さない
・専門用語は使うタイミングを考えて

✿人が不快に感じることも踏まえて

前述した内容について、具体的に説明していきます。

まず、プレゼン資料は物理的なノイズをできるだけ取り除きます。よりわかりやすくするために、対面のプレゼン時よりも要素をしぼりましょう。言葉を削ぎ落とし、枚数も使う色も少なく抑えることで、見る側の負担が減ってメッセージが目立ちます。環境面の配慮として、スピーカーの音量やハウリングの有無など、音まわりの状態も確認しましょう。可能ならばインターネット通信環境を整えておくと、途中で途切れる心配も解消されます。

心理面の配慮としては、**欲張って情報をつめ込みすぎずに、配布資料にも分散させること**。スライドも配布資料も先方は初見であることを前提に、「○ページから説明します」と、これから話す場所の案内をしながら、**ゆっくりとしたスピードで説明します**。

意味的な面の配慮としては、意外に見落とされがちなポイントがあります。画面共有しているスライドに書かれていないことから話し始めることです。これは避けましょう。人は不一致なものを見ると、それだけで不快に感じます。知らない言葉についても同様で、専門用語や業界用語は、タイミングを考えて用いましょう。

リアクションに迷う

聴くスキルを使って対応する

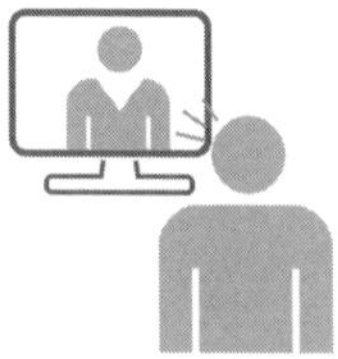

相手に〝ちゃんと聞いている〟ことを伝えたい

オンラインの会議ツールを使ったコミュニケーションの難点は、リアクションに迷うシーンが多いことです。主催者から「参加者の反応がわかりづらいので、できれば感想や質問をしてもらったり、オーバーリアクションしてくれるとうれしいです」とお願いされることもあったりします。

しかし、最初は積極的にリアクションをしていても、どうしても時間が経つにつれてリアクションが薄くなってしまいます。とくに少人数でのミーティングの場合、参加者の誰かが何かしらの反応をしてくれるのを期待して、結局、誰もリアクションをしなかったりします。

相手に「わたしは話をしっかりと聞いてますよ」という姿勢をアピールするには、どうすればよいのでしょうか。

✿前傾姿勢で好意を表し、うなずきはゆっくりと

オンライン越しの相手に「聞いています」「伝わっています」というサインを送って安心してもらいたい。そんなときは、カウンセラーが用いる「傾聴の基本スキル」が役に立ちます。カウンセラーが相談者にかかわるときのふるまいや心のもちようから、応用できることがたくさんあります。まずは形から入ってみましょう。

〈両手を机の上に置いて軽く前傾姿勢をとる〉

81ページでも紹介したように、座ったときの姿勢を、ニュースを読みあげているアナウンサーのように台形に形づくると、安定感のある人だなという印象をもってもらうことができます。さらに人の話を聞くときに、**軽く前傾姿勢をとることで、「あなたの話に興味や関心をもっています」という熱意や好意をアピールできます。**「好意の返報性」の法則のとおり、人は自分に関心や好意をもつ人に対して同じように好意をもつものです。

まずは安定感と聞く意欲を上半身でアピール。好意や関心をもっていることを姿勢で表現していきましょう。

オンラインでの話を聞く姿勢

〈話の流れをさまたげない、うなずきやあいづち〉

機械的なうなずきは、相手の信頼感をそこないます。また、オンラインではリアクションがせわしないと、かえって相手の話の流れをさまたげてしまいます。そのため、**うなずきはゆっくりと大きめに。ここぞというタイミングで打ちましょう。**

また、あいづちについても、オンラインではこまめに打つのは逆効果です。タイムラグがあるので相手の言葉にかぶってしまいやすく、それがたびかさなると相手の話す意欲をそいでしまうからです。**相手の話しが終わったと思ったら、「そうなんですね」「なるほど！」など、短いあいづちを入れます。**

多少間が空いても大丈夫です。打つタイミングをゆっくりかまえておいてください。

伝え返しと要約で相手から信頼を得る

カウンセリングで用いる傾聴は、別名「アクティブ・リスニング」とも呼ばれ、その名のとおり、相手の話しを積極的に理解するための応答様式とされています。メンタルのケアにとどまらず、一般的な人間関係の場はもちろん、オンラインでの対話でも役立ちます。

〈伝え返し（キーワードを伝え返す）〉

重要なキーワードや、その人独特の言い回しが出てきたときに、その言葉を伝え返しましょう。単語のみを返すのではなく、たとえば「苦労して開発した、新しい技術なんですね」と、前後の言い回しごと返してみるのです。大切に受けとめたことが相手に伝わります。

〈要約（話をまとめて伝え返す）〉

要約は、会話の中盤や終盤で、必要に応じて用いてください。たとえば「ここまでお聞きしてきて、今回のご提案は〇〇〇〇〇がポイントなのだと受け取りました。この理解で間違いないでしょうか」といった具合いに、**要約を伝え返すことで聞いていたことが伝わり、とらえ違いがあった場合はそれを修正するきっかけにもなります。**ぜひ試してみてください。

気づけば無表情になってしまう

直接の対面時よりも顔つきに気をつける

❀会議中の顔が〝怖い〟と指摘された

自宅からオンライン会議に参加していたら、その様子を見た家族に「会議中の顔が怖い」と指摘されてしまったという、笑うに笑えない話を聞くことがあります。家ではパソコンに向かって黙々と仕事をし、たまの出勤も終日マスクをつけています。無表情が板についてしまったという自覚をもつ人は、決して少なくないと思われます。

長く勤めている職場の場合はよけいに、今さら笑顔をふりまくのはむずかしいかもしれません。しかし、コミュニケーションの場がオンラインに移ったからには、どんなタイミングで、どの程度の笑顔を相手に見せればよいのか、準備をして向き合うことが大切になってきます。

環境、自分、会議中の3方向で対応する

オンラインを介したコミュニケーションの問題には「やりとりする情報量がリアルの場よりも少ない」という課題がつきものです。リアルの場では、多少無表情であっても、真剣に資料を読む姿や小さなうなずきといった非言語情報が、あなたの意欲を相手に伝えてくれます。

ところが画面越しの場合は、**表情の小さな変化や空気感は伝わりません。**対面の場と同じ感覚で参加していると、無表情な顔だけが相手に届くことになります。**オンラインでは、人の話を聞いているときの表情こそ大切**なのだと心得てください。画面越しに、より良い表情でアピールするためのポイントを次の３つのステップにまとめてみました。

①環境の準備

・顔に不必要な影が落ちない場所を選び、必要なら顔に光りを当てるライトを準備する
・パソコンは体から60センチメートル前後離して、胸から上が映る距離に置く
・ＰＣスタンドなどを用いて、カメラのレンズは目の高さより少し上にくるように調節する

②自分の準備

画面越しでの良い表情でアピール

・女性の場合はふだんよりベースメークをしっかり。男性の場合は、オンライン会議ツールに美肌モードがあれば、それを活用する
・会議前に、表情筋のエクササイズと滑舌対策をかねて、母音の発声練習を行う

③オンライン会議中
・最初から、歯が少し見える程度に口角を上げておく
・発言を聞いている間も軽くスマイル
・自分が発言するときはカメラ目線で
・発言していないときのカメラ目線の量は、半分で大丈夫
（くわしくは、79ページの「アイコンタクトの量」の項でも解説しています）。

❀ 準備を尽くすことで自信も生まれる

カメラで映されることに慣れていない場合は、多角的な対策が必要です。人物撮影を基本に考えると、まずは光を顔にほどよく当てて、明るく見せることが大切です。第一印象を左右する肌の色を、きれいに補正してくれるからです。次にパソコンの位置と角度にもひと工夫を。パソコンをデスクにそのまま置いて開き、**うつむきかげんでカメラを見ると、相手を見下ろす構図になるばかりでなく、老け顔に映ります。**パソコンは上半身がほどよく収まる距離に置いて、ＰＣスタンド、または本や箱を下に入れて、カメラを気持ち見上げる角度に調整しましょう。

ファンデーションは肌の色がワントーン明るく見える色が理想的です。自宅でも**血色を良く見せる効果をもつチークと口紅は省略しないこと。**会議前は「あ、い、う、え、お」と口を大きく動かして発声練習を行います。顔の筋肉がほぐれ、ウォーミングアップも兼ねられます。

そしてオンライン会議中は、だまっているときでも終始笑顔で。〝オンラインでは、表情はふだんの３割増しに〟という定説があるように、このスマイルこそ**ふだんの３割増しで頑張らないと、画面の向こう側に伝わりません。**手鏡で確認したり、事前に録画をして客観的に自分の笑顔をチェックしましょう。

オンラインの１ｏｎ１がむずかしい

理想は部下が７割、自分は３割話す

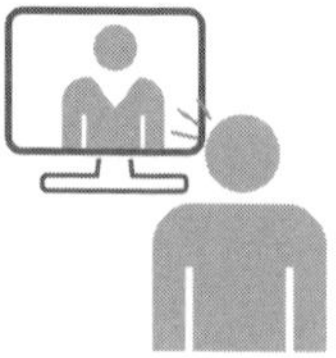

何が正解なのかよくわからない

部下の育成を目的とした、１ｏｎ１ミーティングを取り入れる会社が増えてきました。たとえば週に1回など、定期的に時間をとって1対1で対話をします。コロナ禍以降は、１ｏｎ１をオンラインで実施するところも増えています。

対面でも、オンラインになってからも、「話したいテーマはとくにないです」と、部下が黙ってしまうこともあれば、会話は続くけれど単なる雑談で終わってしまうケースもあるようです。

今後ますます必要性が高まってきそうな面談の機会を、どのように取り組んでいけば、本来の目的である、部下の成長をサポートするための時間になるのでしょうか。

リマインドメールを活用する

１ｏｎ１とは、上司と部下が定期的に行う1対1の対話のことで、部下の悩みや課題を引き出し、マネジメントの向上と同時に部下の育成をはかるものです。ポイントは部下自身の価値観のありようと、上司のリードのさじ加減。そこで、１ｏｎ１を受ける側の部下の心理に配慮しながら、より良い展開を目指すプロセスを整理してみたいと思います。

〈１ｏｎ１の準備と当日の流れ〉

・事前に１ｏｎ１の目的と対話の流れを伝えておき、直前にリマインドメールも入れておく
・当日は「この１週間の出来事についての振り返り」からたずねる
・考えてきてもらった〝話したいテーマ〟を聞く。ない場合は近況の雑談に切りかえる
・「ここまで話してみて感じたこと」＝「今日の１ｏｎ１の振り返り」をしてもらう

前段として、当日に向けたゆるい目標設定のボールを投げておくことで、何も話すことがないという事態をひとつ回避できます。オンラインでの対話は説明する時間も惜しいもの。**主旨や流れはあらかじめメールなどで伝えておくとよいでしょう。**話す内容をおおまかに構成して

1on1をより良くするためのプロセス

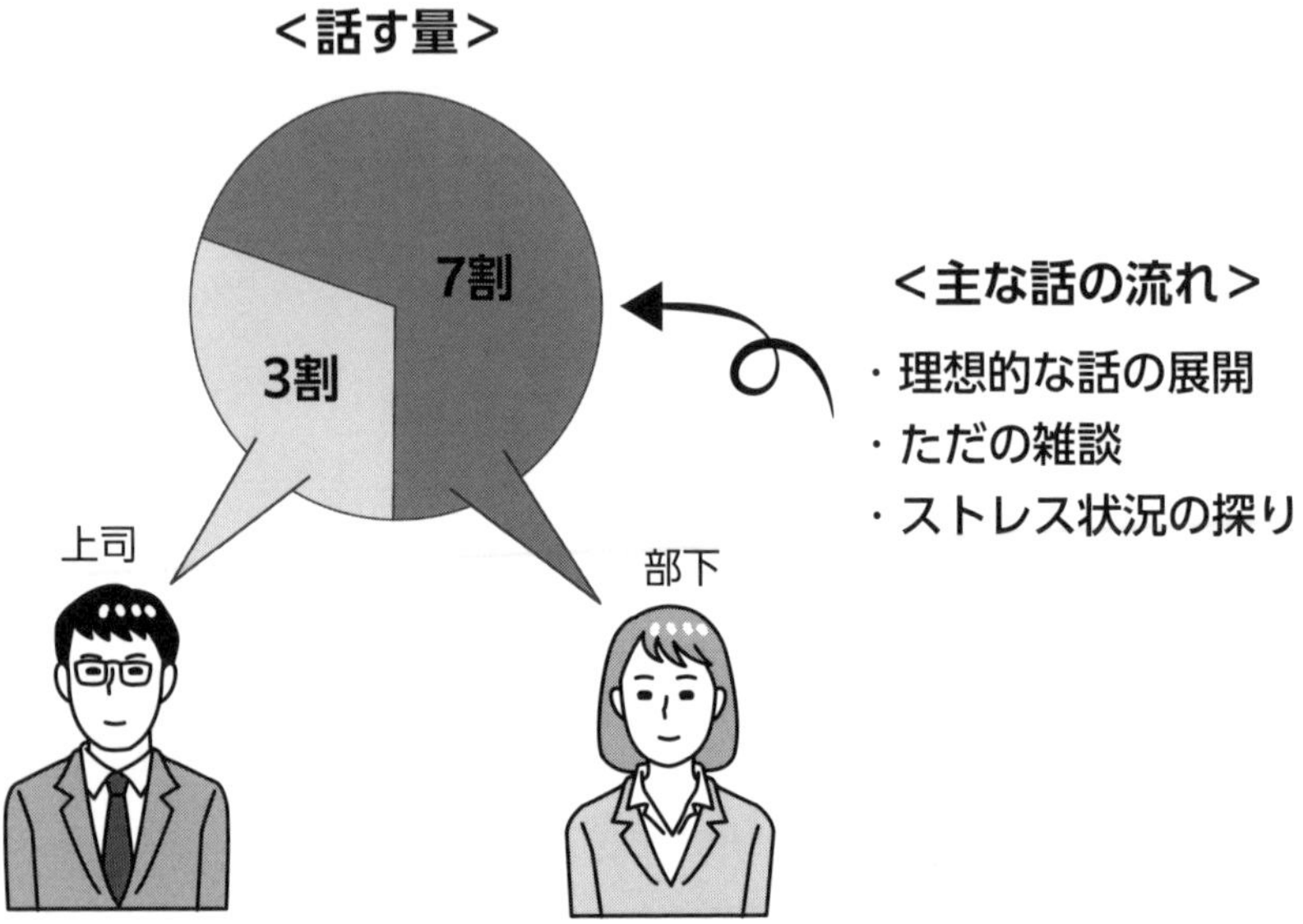
＜話す量＞
7割
3割
上司
部下
＜主な話の流れ＞
・理想的な話の展開
・ただの雑談
・ストレス状況の探り

おけば、１ｏｎ１の途中で迷いが出ることはありません。

部下が話したいテーマがないというのなら、直近の振り返りの中から掘り下げるテーマを見つけてみるなど、話しの展開に沿って臨機応変に対応しましょう。

話す量の目安として、**部下が7割、自分が話すのは3割**と心得ましょう。指導や助言を与えようとしないで、部下が話しやすいように傾聴の手法（１０３ページ参照）を意識します。

✿オープンクエスチョンで思いを引き出す

１ｏｎ１は部下の成長が主目的ですが、必ずしも部下の成長意欲が強いとは限りません。今は価値観の軸もさまざまです。そこで、あらかじめ理想の展開、単なる雑談、ストレス状況を探るなどの複数の展開を想定しておき、柔軟に対応していくとよいでしょう。

話しをもう一歩展開させたいときは、思考を整理してくれる次のふたつの質問を用いましょう。それが「オープン・クエスチョン」と「クローズド・クエスチョン」です。「はい」か「いいえ」など簡単に答えられる質問がクローズド・クエスチョン。「５Ｗ１Ｈ」の観点で相手に考えてもらう質問が、オープン・クエスチョンです。

本人があまり考え込まずに回答できる、クローズド・クエスチョンで対話が目指す方向性を確認します。掘り下げたいテーマが出てきたら、「それはどんなことですか?」「どのようにしたいですか?」などのオープン・クエスチョンを用いて、自分の考えを見つめるきっかけになるように掘り下げていく質問を重ねます。

１ｏｎ１は一度でうまくいかなかったとしても、定期的に回を重ねる前提の手法です。単純接触効果の積み重ねによる、関係性の向上も意識しながら行いましょう。

オンライン会議をうまく進行するには

役割を振って分担する

場をコントロールすることがむずかしい

オンライン会議に参加することには、どうにか慣れてきたけれど、司会進行役として会議を仕切ることにはなかなか慣れないという人は多いといいます。対面のときと同じように、人数が多くなるほど発言も不活発になります。みんなで良い結論に導こうという雰囲気づくりをしたいと思っても、オンラインに慣れている度合いも人によってまちまちなため、ルールがわからない人から途中で質問が出たりするのも課題です。

たとえばオンラインでも、出てきた意見を付箋やボードに書き出して、それをもとに話し合うことができたら、話をうまくまとめられるかもしれません。

❀事前にマインドセットをしておく

オンライン会議の課題のひとつは、授業のように一方通行になりがちで、大人数になるほど、参加者の反応を把握するのがむずかしくなることです。その日のうちにどこまで進めるのか、目標とするゴールを全員で把握していないと、結論が出ないまま時間切れになってしまう場合もあります。

オンライン上でどのように参加者をまとめていくのか。[※1]ビジネスシーンでリーダー職の人が実践しているコミュニケーション術を踏まえて、以下にまとめました。

・会議のルールをつくって参加者にアナウンスをする
・その際、議題に対する自分なりの結論も準備しておいてもらうように依頼しておく
・事前に頼んで参加者の何人かにロール（役割）を分担してもらう

オンライン会議成功の秘訣は、その日の展開について全員が同じ地図を頭の中に描けるかどうかにかかっています。そのための丁寧な事前アナウンスが、カギを握ります。

まず、「発言したいときには挙手をする」「誰かの話の途中で質問したくなったら、チャット

※1…ＷｅｂＤｏｍａｎｉ「外資系ＩＴ企業の女性リーダーが実践！仕事がやりやすくなる職場のコミュニケーション術【ワーキングマザーの仕事術】」（２０１９年8月20日）https://domani.shogakukan.co.jp/216445（最終閲覧日8月24日）

段取りの良いオンライン会議

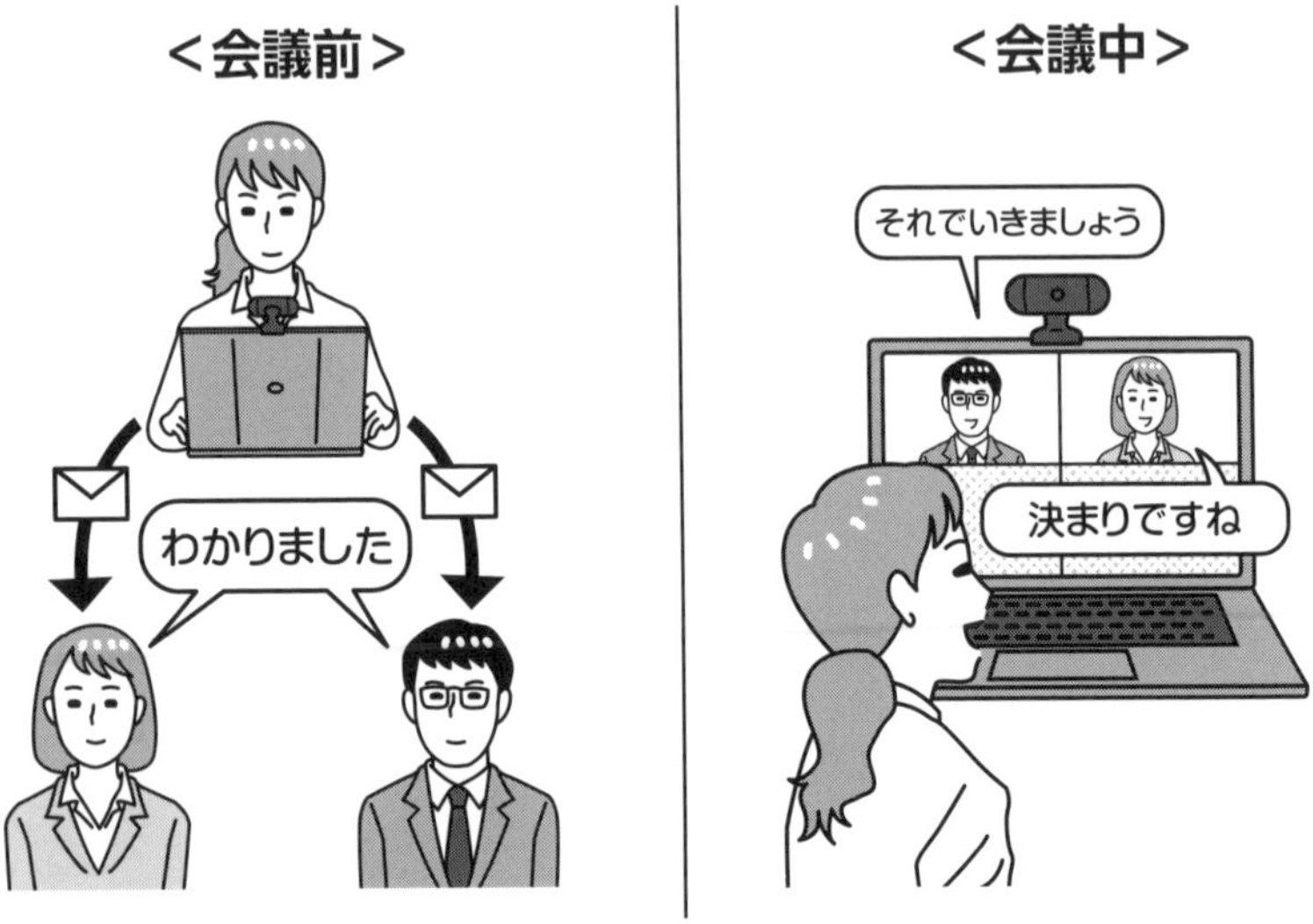
<会議前>
わかりました
<会議中>
それでいきましょう
決まりですね

欄からコメントを」などと、**オンライン会議が混乱しないためのルールをまとめます。**

その日のうちに結論まで出したい会議の場合は参加者に前もって議題を伝えておき、結論の準備も依頼します。あらかじめ各自で結論をもっておくことで、議論の質がより深くなります。

さらに、**会議の中で必要になる役割を、前もってほかの人にも分担させる**ことで当事者意識が働き、そのことが集団の心理に良い影響を与えます。

前述した、参加者への依頼をわかりやすく丁寧なメールにまとめて、参加者全員に事前に送信しておきます。これで会議の進行がスムーズになるはずです。

ホワイトボード活用のメリットは大きい

オンライン会議において、一方的にならずに、全員が参加できる空気はとても大切です。対面の場でそれを担っていたのは、102ページでもふれた付箋を用いたブレストでしたが、今ではそれを担うオンライン上のツールも充実しています。**オンライン上の付箋に書き込みをして共有できるソフトや、誰でも書き込みができるオンラインのホワイトボードツール**がありま す。代表的なものに、ｍｉｌｏやＭｉｃｒｏｓｏｆｔ Ｗｈｉｔｅｂｏａｒｄなどがあります。Ｓｔｒａｐは公式サイトが日本語対応しているので、比較的使いやすいといえます。

人が話し合いを行ううえで、出てきたアイデアを目に見えるように可視化して、それを見ながら行う自由なディスカッションの時間は大切です。オンライン会議上でもそうしたツールを導入することで、現場のまとめづらさが、少しずつ変わってきます。

この章では、実際にオフィスやビジネスシーンで聞かれる悩みをアウトプットし、それに対するアンサーとして、心理学やコミュニケーション理論、対人援助職の知識やスキルをベースに、現場での体験もまじえて紹介してきました。答えはひとつではありません。いろいろ実践してみて、しっくりくる対策を見つけてみてください。

コラム

テレワークの不安を可視化する

　これまでに対処したことのない事柄について、不安やモヤモヤを感じているとき。頭の中では“しなくてもいい心配”によって引き起こされる不安が生じています。悩む時間が多くなればストレスホルモンのコルチゾールが分泌されて、心の余裕が減少します。“何かイヤな感じがする”ときは、頭の中にブラックボックスがあるような状態です。そんなときは思い切って、箱の中身を確かめてみてください。正体を明らかにするには可視化することがおすすめです。

　ものごとの受けとめ方（認知）に働きかけて気持ちを軽くする、認知行動療法で用いる「コラム法」を応用してみましょう。本来はモヤモヤした感情や怒りの原因を書き出して数値化することで感情を検証する方法ですが、最初のステップの「不安に思う状況や気分を、思いつくまま書き出す」、これを試してみませんか。たとえばテレワークが続く日々に対する不安を書き出してみると、並んだ項目を眺めているうちに、自分がなぜそのことにひっかかってしまうのかの理由が見えてきます。書き出したものを目で確認しながら、“感情に折り合いをつける落としどころ”を探してみてください。

〈 part 3 〉

メール・LINEでの心理術

人と会う機会が減り、メールの需要が高まっています。ところが、文面では相手に意図がうまく伝えられないことも。そのため、この章では、メールやLINEを使ったコミュニケーション方法を紹介します。

メールだとよそよそしくなってしまう

相手の名前を入れると距離が縮まる

✿親しみを表現するのがむずかしい

仕事相手と実際に会って話をしているときは、合間にちょっとした雑談を交えたりと、おたがいに親近感を覚えるようなやりとりがしやすいのですが、メールとなると、途端に距離の取り方がむずかしくなります。

仕事の用件の場合、プライベートのメールのように「(笑)」や「!」を多く使った文章を送ってしまうと、親しみやすさどころか「マナー違反だ」「失礼だ」と思われてしまうというリスクがあります。だからといって、妙に事務的な文章や過度な敬語を使った文章だと、相手との距離ができてしまうのも悩みどころ。

相手にほどよい親近感を抱いてもらえるようなメールにするには、いったいどうしたらよいでしょうか。

✿名前を使えば印象を良くできる

メールで相手との距離を縮めるためには、宛名だけでなく、メールの文中にも相手の名前を入れることが効果的です。これは「ネームコーリング」といわれる心理効果です。**人は親しみをもって自分の名前を呼ばれると、その相手に対して親近感を覚えたり、相手に対する好感度が上がったりするのです。**

わたしたちは名前を呼ばれるだけで、無意識に「自分が認められた」とうれしくなったり、好意を直接的に伝えられたわけでもないのに相手の誠実な気持ちが伝わったりなどと、心地よさを感じます。名前を記すことは、それほどのパワーがあるのです。

そして好意を向けられた側は、好意を向けてくれた相手に対して、自分も同じように好意を返したくなるという心理がはたらきます。これを「返報性の法則」といい、おのずと相手への印象が良くなります。

アメリカで行われた実験では、同じ内容を伝えるとき、会話の途中で相手の名前を呼びかけた場合とそうでない場合、名前を呼んだほうが「フレンドリー」「社交的」「もう一度会いたい」と好印象をもったという結果が出ています。

ネームコーリングをうまく使えば、仕事に関するメールで陥りがちな、堅苦しさや事務的な

名前を入れたメール文

Mail
○○さん、このたびも、
よろしくお願いいたします。

よそよそしさを取り払うことができます。そのうえ、相手との距離感をグッと縮めて、親しみやすさを感じさせる印象的なコミュニケーションを取ることができるのです。

もちろん、仕事だけではなく、プライベートでもネームコーリングは使えます。もっと仲良くなりたい人と会ったときや、その人とのＬＩＮＥやメールでも活用可。文面にその人の名前を盛り込むことで、相手の気持ちをつかめるのです。

じつは、自分の名前を呼ばれることは、心理的には「愛している」や「好き」という言葉よりも、心地よい響きといわれています。

ネームコーリングは、そんな人間の心理を使ったテクニックといえます。

❀ネームコーリングで関係を深める

仕事メールで相手の同意を得たいときや自分の提案に対する感想を聞きたいときなどに「ご意見をお聞かせください」ではなく、「◯◯さんのご意見をお聞かせください」と書くことで、ほかの人ではなく、あなたの意見を聞きたいのですと熱意を伝えることができます。次のミーティングが約束されている場合にも、「お会いできることを楽しみにしています」ではなく「◯◯さんにお会いできることを楽しみにしています」と伝えると良いでしょう。

名前を入れることで、社交辞令ではなく、本心から「聞きたい」「会いたい」と思っているように伝わります。ほんの数文字、相手の名前を書くだけで、相手からの印象は大きく変わるのです。

ただし、ネームコーリングは大きな効果を発揮するテクニックだけに、間違った使い方をするとたちまち逆効果に。**いちばん気をつけなければならないのは、名前を間違えないこと。**漢字の間違いをはじめ、名前を間違えられると「軽く見られている」と相手は感じ、好意の逆の感情を抱いてしまいます。もうひとつは、何度も名前を呼ばないこと。適度な距離どころかプライベートな領域に土足で踏み込まれた、と嫌悪感を抱かれる可能性もあります。メール1通につき、名前を書くのは1~2回程度と心得てください。

どこに気をつければ読みやすいメールになるか

一文は50文字以内で、短く、簡潔に

読みやすい文章が書けない

言いたいことや伝えたい情報がたくさんあるとき、つい読み手の気持ちよりも自分の中の「受け取ってほしい」という気持ちを優先してしまった、文章を組み立ててしまうことがよくあります。

たくさんの情報や思いを1通のメールにつめ込みたい、こちら側の事情をわかってほしい、そんなときに限ってやってしまうのが、一文の長い、読みにくい文章を作ってしまうこと。

これは読みにくいだけでなく、その人自身に対して嫌悪感をもたれてしまい、ともすると「仕事のできない人だな」と思われてしまいます。

メールで、自分の価値を下げないために気をつけたほうがよいこととは？

✿文章から人となりが形づくられる

「文は人なり」という古いことわざがあります。これは、文章には隠しきれないその人の人柄や思想が表れる、という意味です。

つまり、人は送られてきた文章を読んで、送ってきた相手の〝人となり（人格）〟を無意識に判断してしまうとのことです。一文が長い文章は「読みにくい」「論点がわかりにくい」などのデメリットがうまれやすく、これがそのまま、送った人の性質として相手にとらえられかねません。

さらに、「論点がわかりにくい文章＝頭の中が散らかっている人、まわりくどい文章＝言いたいことをはっきりと言えない人、読みにくい文章＝相手の立場になって物事を考えられない人など、デメリット部分が連鎖した解釈をされてしまいます。

何度も読み直さなくては理解できないメールは読んでいてイライラし、そのイライラは、相手への悪印象に結びつきます。

たった1通の読みにくいメールで、「これからいっしょに仕事をしたくない」と相手に思われてしまうのは、今後、その人と仕事を行っていくうえで大きな弊害となります。

ですが、これは裏を返せば、一文の短い、わかりやすい文章を書けば、相手からの好感度が上がるということ。

簡潔でわかりやすい文章を送るということは、すなわち、相手から、言語化することがうまく、優先順位がはっきりとわかっている、読み手の気持ちになって考えられる人と相手に印象づけられます。

「たかがメール1通で……」と思うかもしれませんが、その**1通でガッカリされることもあれば、社会人としての信頼度高めることができる**のがメールのむずかしいところであり、メリットでもあります。

受け取ったときに「感じのいいメールだな」と思うとき、そこには感じの良さを裏づける「一文の短さ」や「簡潔さ」のテクニックがあるのです。

メール文の良し悪しの例

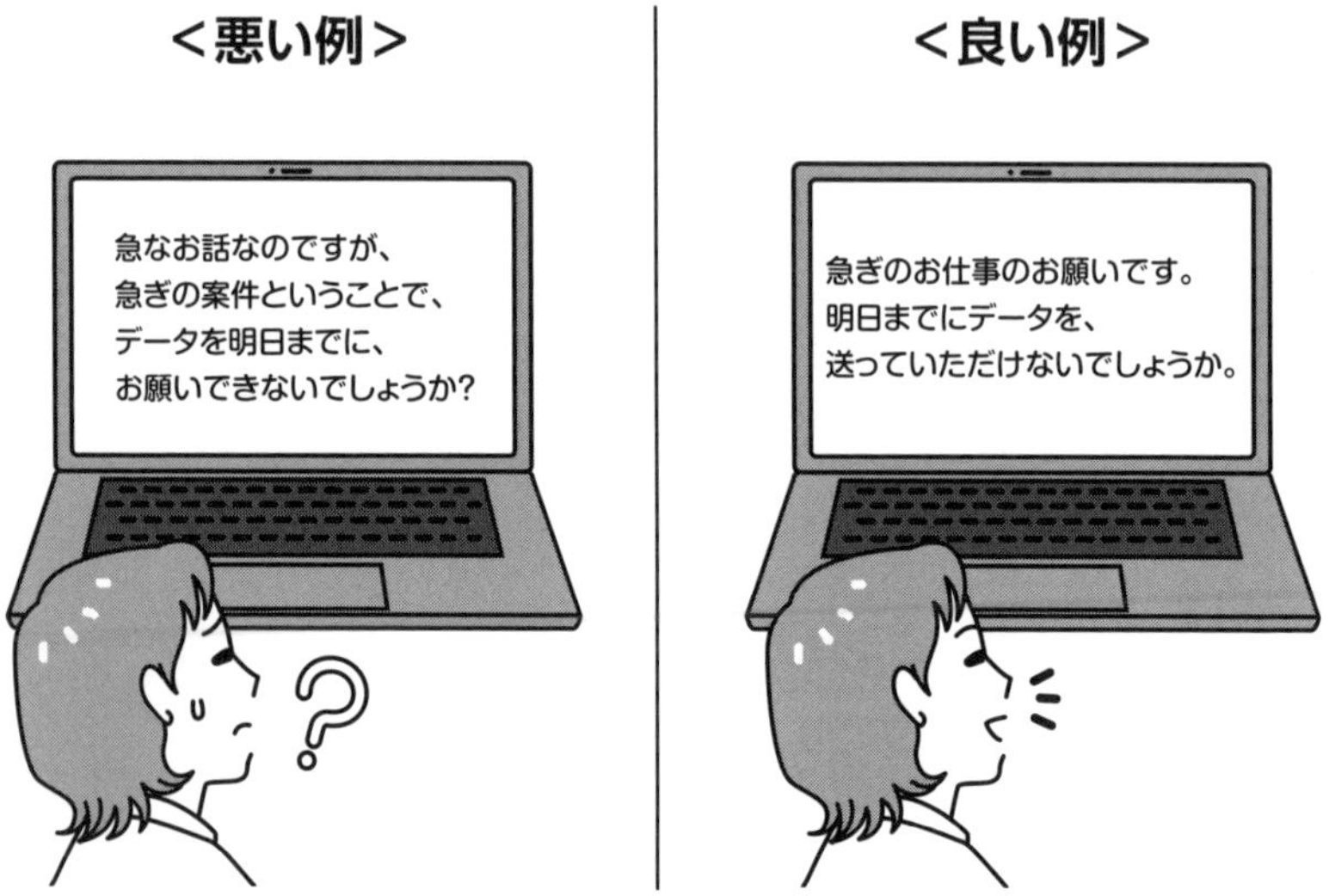
<悪い例>
急なお話なのですが、
急ぎの案件ということで、
データを明日までに、
お願いできないでしょうか?
<良い例>
急ぎのお仕事のお願いです。
明日までにデータを、
送っていただけないでしょうか。

50文字以内を心がける

簡潔に整理された文章を書くために、**一文の長さは50～60文字程度を意識**してください。そのためには、ムダを省いていく必要があります。

まずは、「一文につき、主張したいことはひとつ」を徹底すること。伝えたいという気持ちが高まると、つい「～なのですが、～ということで、～と思いまして、」と、「、」を多用しがち。これは読みにくい文章の代表例です。いったいどこが重要な部分なのかわからず、内容がまったく頭に入ってきません。

一文を短くするためには、**メールを書く前に、頭の中で優先順位を整理すること**もポイント。一文の中に、複数の主語が入っていないか、主語と述語が離れすぎていないかをチェックし、文章を区切るクセをつけてください。

そのほかにも、同じことをくり返し書いていないか、まわりくどい言い回しがないかなど、メールを心の中で音読して確かめるのも、上達のためのコツです。

日ごろからこれらのことを意識していると、どうやったら短く伝えられるか、いかに簡単な言葉で伝えるかの力が磨かれていきます。結果、メールの受け取り手からの好感度が上がり、その後の関係性にも良い影響が生まれます。

メールやLINEの返信はどうしたらいい

仲良くなりたい人ほど、マメに返信する

✿届いてすぐに返信しても大丈夫？

仲良くなりたいと思っている相手から、メールやLINEが届いたとき、浮き立つ気持ちを抑えきれず、すぐに返したい！ という気持ちになるかもしれません。そこで、ふと不安もよぎります。「あまりにもレスポンスが早すぎると、相手にプレッシャーをかけたり、飛びつきすぎだと煙たがられたりしないだろうか…」と。

好意を寄せているからこそ、失敗したくない。あれこれ心配し、返信の手にストップをかかってしまった、という人もいるかもしれません。

仲良くなりたい相手と心地よくメールやLINEを続けるためには、どのくらいのタイミングで返信するのがベストなのでしょうか。

✿くり返すことで親近感をアップ

相手からメールやＬＩＮＥの連絡があった場合は、その相手と仲良くなりたいのなら、マメに返信することを心がけましょう。

アメリカの著名な心理学者のザイオンスが提唱した心理現象で、「ザイオンス効果」と呼ばれるものがあります。これは、相手にくり返し接触することで、その頻度に比例してだんだんと好感度や印象、その人への評価が高まるというもの。別名「単純接触効果」ともいわれています。

これは多くの人が見に覚えがあるかもしれません。たとえば、最初は暇つぶしくらいの気持ちで見始めたYou Tubeチャンネルをくり返して見るうちに、毎日その人に会っているかのような親近感が湧き、You Tubeチャンネルを見ることが欠かせない習慣へと変化していくといったことです。

仲良くなりたいと思っているならば、長い時間放置したり、既読スルーをしたりすることなく、メールがあったらなるべくすぐに返信すること。こうして、マメに返すことが**相手に良い印象を与えるために有効ですし、相手が安心感を覚えてこちらを信頼してくれる**という効果もあります。

テンポの良いメッセージのやりとり

また、自分に無関心な人に対して、興味を持ってもらうために「返信をわざと遅らせて焦らすほうがいい」というテクニックを聞いたことはないでしょうか。

こういった駆け引きは、自分が主導権を握っている場合にはうまくいくこともありますが、かなり難易度の高いテクニックです。

相手の気持ちに揺さぶりをかけて、たとえ興味を持たれても、その効き目は一時的なもので、長い目で見れば逆効果に終わる可能性もあります。

相手の不安を煽ると、下手をすれば嫌われてしまうため、知り合って間もないころは、マメに返信して安心感を与えて自分の印象を良くすることが大事です。

✿質より量でリズムよくやりとりを

仲良くなりたい人とのメールやＬＩＮＥは、**接触する回数をできるだけ増やす**ことがポイントです。

たとえば、相手から次に会う日程を聞かれたときにも、仕事の日程を調整できるまで放置するのはＮＧです。

相手からのメールにはすぐに反応し、「スケジュールを確認してから返信しますね」とひとこと入れることで、印象を高めることができます。

仲良くなりたい人へのメールは、「こんなこと言ったら嫌われないか」や「中身のない内容でつまらない人だと思われたくない」など内容をあれこれ吟味してしまいます。その結果、ポンポンとリズムよく返信することができなくなってしまいます。

ザイオンス効果をものにするために覚えておきたいのは、「コミュニケーションは質より量」ということです。質にとらわれすぎて、タイミングを逃さないことが大切です。

頻度の高いやり取りが続けば、おのずと相手の信頼も深まります。中身のぎっしりつまった長いメールのやりとりをたった1回行うよりも、**身近な話題でよいので、何度もやりとりすることで、信頼関係を積み重ねていく**ことができるのです。

メールだと相手の気持ちがよくわからない

疑問形の返しや語尾で気持ちを表す

社交辞令？ 本音？ 見極めがむずかしい

メールでやりとりする場合、文字だけの情報だと、相手の気持ちが読みとりにくいことが多々あります。一例をあげると、「またお会いしたいです」とうれしくなるようなことが書かれていても、社交辞令のときもあれば、書かれていることを文字どおり素直に受けとめてよい場合もあります。

メールで相手の心理を読み間違えてしまうと、のちのちのコミュニケーションもチグハグになり、関係が悪化してしまいます。

気持ちが見えづらいメールでも、相手がどんな心理なのか、どんな感情を抱いているのかを読み取るコツがあるのです。

言語情報だけだと誤解が生じやすい

そもそも、メールで気持ちを正確に伝えること、読み取ることはとてもむずかしいのです。そのことがよくわかる心理学があります。「メラビアンの法則」といって、相手の態度や感情を読みとる割合を示したものです。

人が相手とのコミュニケーションを取るなかで、「視覚情報」「聴覚情報」「言語情報」の3つのうちで最も手がかりとしているのが視覚情報で55％を占めています。わたしたちは相手の屈託のない笑顔や眉間にシワを寄せた怒り顔などの表情、手を動かしたりするジェスチャーなど目に映る情報からその人の心理を推しはかっているのです。

2番目が聴覚情報で38％です。声のスピードやトーン、沈黙やため息など、耳から入ってくる情報からもその人の心理を推しはかっています。

そして、あまり優先しないのが言語情報でたったの7％しかありません。

このことから、メールには視覚情報も聴覚情報もなく、言語情報のみでコミュニケーションを取るので、相手の態度や感情が読みとりづらいのも当然だといえます。

ですが、いくつかヒントとなることはあります。たとえばプライベートのLINEの場合、疑問形で終わる文章は、「このあとも会話を続けたい」という気持ちの表れです。

不安や誤解を取り除く方法

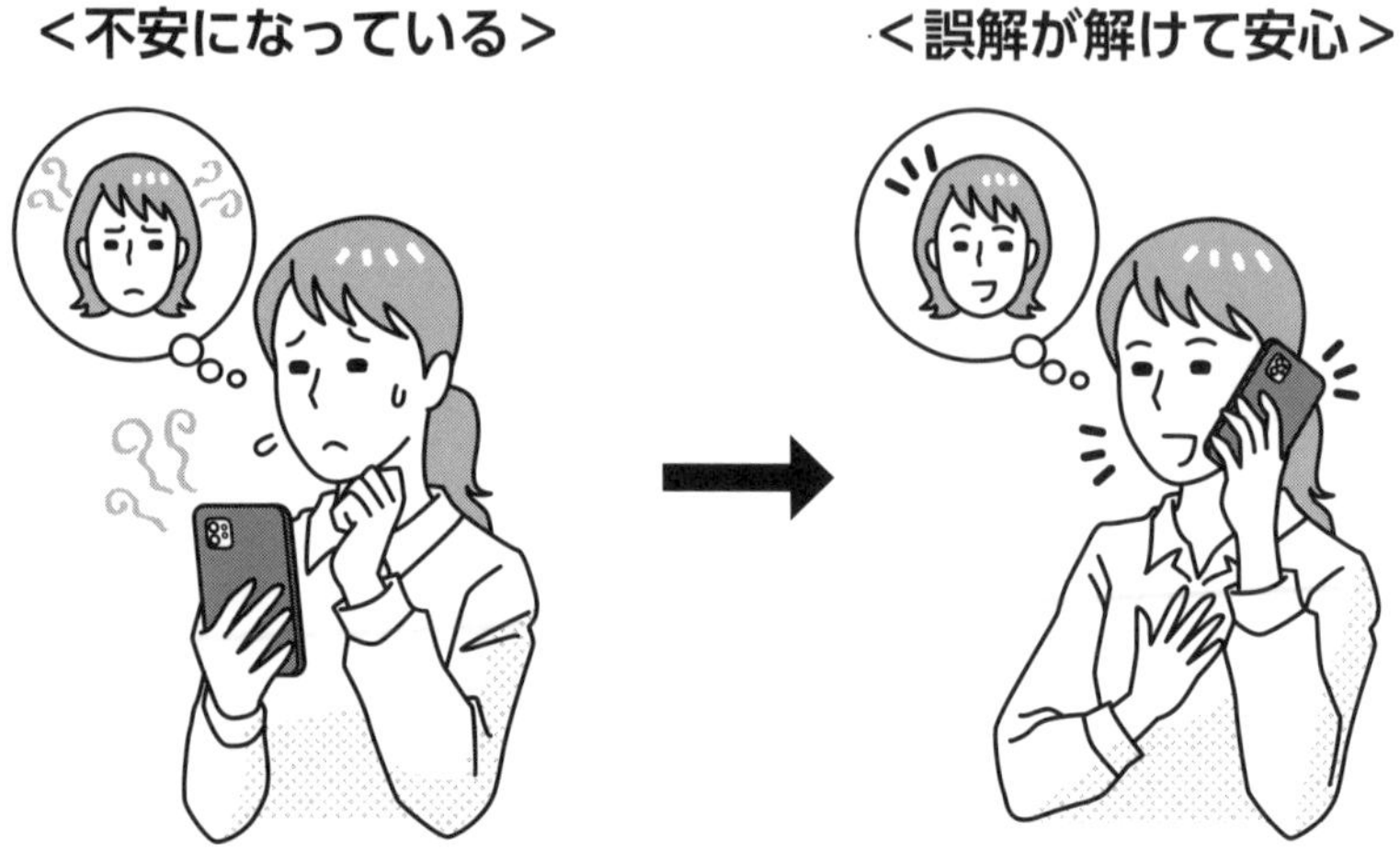

その反対に、会話中で自分だけがつねに質問をしている状態ならば、気持ちも一方通行の可能性が高いといえます。

ほかに、ポジティブな気持ちが表れている例としては、くだけた調子の語尾があげられます。この場合、相手はあなたとの距離を縮めたいと思っているはず。そこで、こちらも語尾をくずして答えると、たがいの距離感がグッと近くなります。

ネガティブな気持ちの表れてとしては「忙しい」「疲れている」などの言葉。相手は単に忙しいと伝えたいのではなく「（あなたに割く）時間がない」と伝えている可能性も。そのときは返信頻度を減らすなど、距離をとってください。

❀自分の感情を整えてから、メールを読む推察する

相手の心理をなるべく正確に知りたいならば、メールを読むときの自分の心の状態にも注意してください。なぜならそのときの自分の心理状態に引っ張られて解釈しまうことが多いからです。イライラしているときにメールを読むと、「！」があるだけで、語尾を強めてプレッシャーをかけてきた！などと、怒りのフィルターを通して相手を見てしまいがちです。

相手が何を思っているかを推測したいときほどフラットな心理状態で読むことが大切です。

親しい人とのメールやＬＩＮＥで「これはどういう意味だろう？　ひょっとして怒ってる？」と不安になることがあったら、電話をしてみるのが解決の早道です。

聴覚情報では、声のトーンや間などから相手の心理を推しはかれますし、メールで何度もやりとりしていることが、話せば数分で解決することもあります。「電話で話したいんだけど◯時ごろにかけていい？」と送れば、相手の都合も思いやることができます。

メールにくらべて心の交流がしやすい電話ですが、デメリットもあります。それは、あとから「言った」「言わない」のトラブルが発生しやすいこと。そのため、とくに仕事では、あとから確認が必要になるかもしれない内容はメールで、相手の心情を推しはかりたいときや自分の気持ちを伝えたいときには電話で話をするなど、使い分けることがポイントです。

難易度の高いメールでのトラブル対応

謝罪のスピードと具体策で誠意を伝える

関係性を悪化させない謝罪文とは

仕事で相手を怒らせてしまったときの謝罪は、とてもむずかしく、気が重いことです。それがメールだけの場合、顔の表情や声色などの微妙なニュアンスが相手に伝わらないので、直接の謝罪とくらべてとても困難です。もちろん、仕事をしていればトラブルやミスは誰にでも起こること。ですが、その後の対応しだいで相手が自分に対して抱く印象や、今後の相手との関係性がまったく違うものになります。

相手との関係性を悪化させることなく、言いにくいことを伝えるためには何に注意すればよいでしょうか。

❀言い訳ばかりだと謝罪に失敗する

メールで謝罪文を送る場合、相手の心理に効果的に訴えかけるために必要な武器が〝誠意〟です。そして、誠意が伝わりやすいのは、対面＞電話＞メールという順番になります。ただし、どの方法を選択すればよいかは、自分がしたミスの程度によって見極めてください。誠意が伝わりやすいからといって、軽いミスなのにわざわざ時間を作ってもらい対面で謝罪することはかえって相手の負担になり、誠意どころか自分勝手だと思われてしまいます。

メールで伝えるのは、以下の３つが該当する場合です。

①会いに行ったり、電話をするほどのミスではない場合

②重大なミスを犯してすぐに電話したがつながらず、謝罪の意だけでも伝えたい場合

③重大なミスを犯したが、深夜や早朝など非常識な時間帯の場合

②③に関しては、「のちほど改めてお電話いたします」「明日、改めてそちらにうかがって謝罪させていただけないでしょうか」との言葉を添えることも重要です。これだけでも誠意の伝わり方が変わります。

さて、言葉を発すればリアクションが相手から返ってくる対面会話や電話とは違い、メールは最初から最後まで自分だけが語り続けます。相手のリアクションが直接見えないため、つい

謝罪文の一例

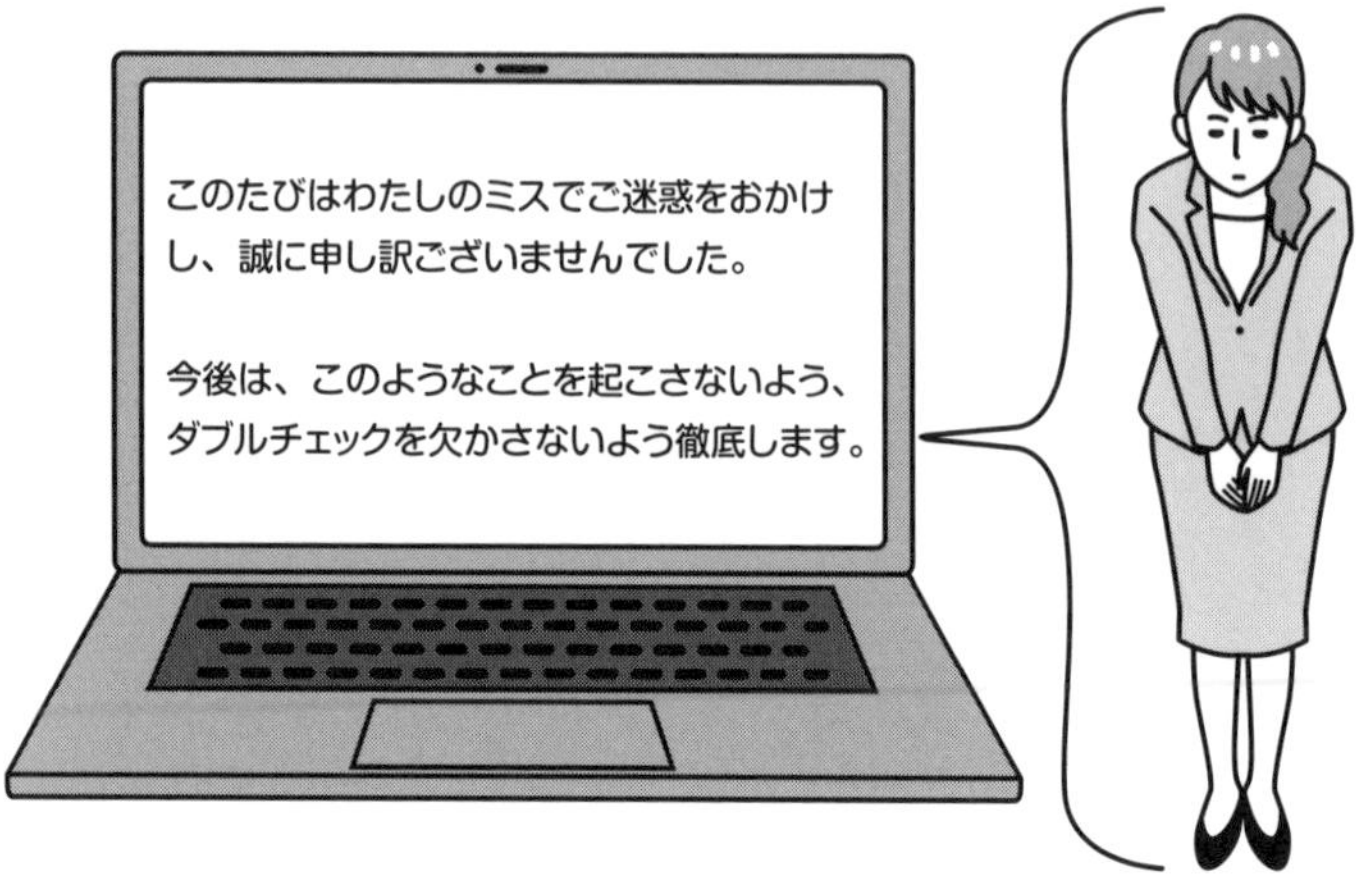
このたびはわたしのミスでご迷惑をおかけし、誠に申し訳ございませんでした。
今後は、このようなことを起こさないよう、ダブルチェックを欠かさないよう徹底します。

やってしまいがちなのが、「言い訳ばかりを並べる」こと。言い訳が多い人は、プライドが高いのが特徴です。謝罪をすることは恥ずかしく自分が負けることだと考えています。

つまり、自分に非があったと反省する気持ちよりも、自分のプライドを守ろうとするあまり、言い訳が先に出てしまうのです。

そして、そうした気持ちは自分が考えている以上に相手に伝わってしまいます。たとえ言い訳を並べながら謝ったとしても、謝罪相手の怒りをさらに増長してしまうだけです。

そのため謝罪をするときは、「かっこ悪い」「本当は悪くない」と思っていたとしても、それらの感情を押し込めて、相手の気持ちを最優先に考えてください。

✿反省と今後の対策を具体的に記す

相手に誠意が伝わる謝罪文とはどのような文章か。その観点から考えて、何よりも**大事なのがスピード感です。**

メールでクライアントからクレームが入ったり、相手を怒らせてしまったと部下から連絡があった場合は、時間を空けずに謝罪の意を伝えてください。

メールの文中でも真っ先に謝罪することが大切です。謝罪文なのに、「いつもお世話になっております」などのあいさつで始まるのでは、反省が伝わらない可能性も。謝罪であることをメールの件名で真っ先に示し、最初の一文から謝ることが重要です。言い訳から入る文章は言語道断、相手の感情を逆なでしてしまいます。

そして、ただ謝るだけでは型通りで誠意は伝わりません。問題やミスがなぜ発生してしまったのかを明確にしたうえ、**今後の対策を具体的に伝える**ことも忘れずに。

最近では、インターネット上でもさまざまな人たちの謝罪動画があげられていますが、同じことにかかわっても、謝罪の仕方で、評価の高低には大きな差がついています。言い訳をせず謝罪に徹した人が、謝罪動画によっていっそうファンを増やしたという事例もあります。いろいろな謝罪の成功例を見るのも、上手な謝罪文を身につける秘訣です。

失礼なお願いで関係性を壊したくない

相手を納得させて交渉を有利に運ぶ

交渉相手に譲歩してもらえるメール

仕事で納期を延ばしてほしいときや、フリマアプリなどで会ったことのない人に値段を下げて欲しいことを伝えるときなど、現代生活ではさまざまなシーンで、メールやＬＩＮＥを使って交渉する機会があります。

自分ではうまく交渉をしたつもりが、伝え方を間違えてしまっただけで相手が烈火の如く怒ってしまい交渉が決裂することもあります。反対に伝え方ひとつで相手との関係性を壊さずに有利に交渉を進めることもできます。

表情の見えない相手とメールで交渉するとき、何に気をつけたらよいのか。どんな心理がはたらくと、人は相手に譲歩してもよいと思うのでしょうか。

❀頼み方によって要求の可否が変わる

心理学者のエレン・ランガーという人が発見した心理効果で、一般に「カチッサー効果」と呼ばれるものがあります。これは「自分が他人にして欲しいことやお願いごとを要求するとき、何かしらの理由をつけることによって、相手に承諾されやすくなる」という心理現象のことです。

実験ではコピー機のすぐ近くに座っている被験者が、コピー機を使おうとした人に向かって3通りの言い方で頼みごとをします。

①要求のみを伝える

「5枚なのですが、先にコピーを取らせてください」

②本当の理由を伝えて要求を伝える

「5枚なのですが、急いでいるので先にコピーを取らせてください」

③あまり理由になっていない理由を足して要求を伝える

「5枚なのですが、コピーを取らなくてはならないので先にコピーを取らせてください」

実験の結果、①は60%、②は94%、③は93%の人が頼みを聞いてくれました。

このことから、人は何かしらの理由があると、それがたとえこじつけであっても、正当性を

頼み方で変わる成功率

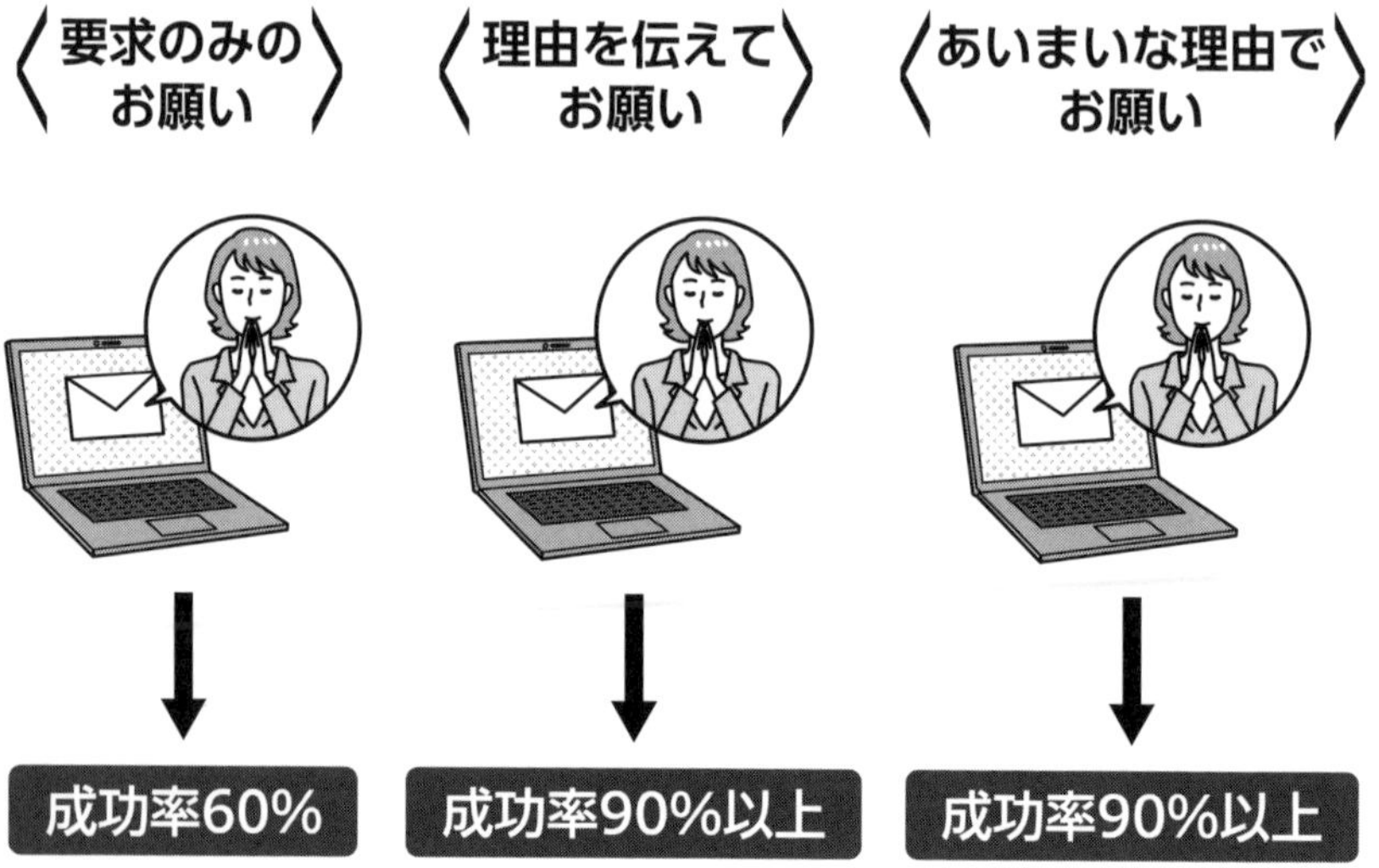

要求のみのお願い
理由を伝えてお願い
あいまいな理由でお願い
成功率60%
成功率90%以上
成功率90%以上

感じれば、深く考えずに承諾してしまうことがわかりました。

これが20枚のコピーになると、①24%、②43%、③24%という結果に。自分の負荷が増える場合、理由に納得できるか否かで、承諾される確率は大きく変わるという結果になりました。

いずれにしても、人は誰かの頼みごとを聞いてあげようと思うとき、そこに理由を求めることがわかります。

これはプライベートの身近な相手でも、仕事相手で上下関係がある人でも、また一度も会ったことのない相手でも同じです。

相手にとって多少不本意な要求であっても、そこに理由があれば、格段に要求が通りやすくなるのです。

きちんと理由を添えて相手に頼む

相手に負担をかけるけれど納期を早めたい、そんなときは「納期を少し前倒ししてもらえませんか」と要求だけを伝えるのではなく、「プロジェクトの進捗を早めなくてはならなくなったため、納期を少し前倒ししてもらえませんか」と、理由とともにお願いしてください。

カチッサー効果はプライベートでも使えます。気になる人を食事に誘いたいとき、「今度の日曜日、映画に行きませんか」と送るよりも、「今度の日曜日、前に見たいと言っていた映画が公開されるので、いっしょに行きませんか?」と誘うほうが、成功率は上がります。普段だったら相手が嫌がるような安い居酒屋でも、「安いお店だけど、マスターが作る煮込みをぜひ食べてほしいんだ」と理由を述べれば、要求に応じてくれる可能性がUPします。

さらに「譲歩の返報性」も加えれば、交渉はより成立しやすくなります。**譲歩の返報性とは、相手から譲られると譲り返したくなる心理**のことです。

「クライアントの意向があり、納期を10日早めてもらえませんか?」と最初に過大な要求(ダミー)を行い、相手に断わらせたうえで、「むずかしいですよね。では3日早めてもらえませんか?」と交渉をすると、相手も10日→3日に譲っているのだから、自分も応じなければ、と要求が通りやすくなります。**カチッサー効果との合わせ技**で使ってみてください。

業務連絡だけのメールではそっけない

上手な雑談でメールに温かみを加える

用件のみのメールだと硬すぎる

「朝、出社してメールを見てみると何十通も届いている」――こんな忙しいビジネスパーソンは、メール1通あたりに割く時間はできるだけ少なく済ませたいはず。

それなのに、まどろこしい表現や読みにくい文章、そして長ったらしい雑談まで書かれたメールを送ってしまうと、相手から「時間泥棒」「この人といっしょに仕事をしたくない」と思われてしまいます。かといって、用件のみを羅列するだけではあまりにも味気なく、硬い内容になり、相手に何の印象も残せません。

そうならないよう、忙しい人へのメールにさりげない雑談を入れて、そのほかの大勢の人たちと差をつけられるような温かみのある文章にするコツがあります。

ポジティブな言葉でポジティブな印象を

仕事のメールで雑談をする場合、ポイントとなるのは、「どんな話題にするか」ということと「文章のどのあたりに盛り込むか」という2点です。

まず、「どんな話題にするか」は、相手との関係性や距離感によっても違いますが、どんな相手にも共通する大事なことは、ポジティブな言葉を使うことです。好意に対しては好意で返したくなるという「返報性の法則」がはたらきますが、悪意であっても同じことがいえます。悪い言葉を使う人に対しては、その人にネガティブな気持ちが湧いてしまうのです。

ネガティブな言葉はそれを発する人にネガティブな印象を持たせ、ポジティブな言葉はそれを発する人にポジティブな印象を持たせる、と覚えてください。

会うたびに仕事のグチを言ったり、別の友人の悪口ばかり言ったりと、つねにネガティブな言葉が出てくる人は周りにいませんか？　初めこそ、それにつき合っていたけれど、だんだんと会うこともイヤになります。そしていつしか、その人のことを信頼する気持ちが薄れてしまいます。

じつは、雑談のポイントもそこにあります。その日の天気の話や、飼っているペットのことなど、どんなささいな話題であっても構いません。**ネガティブな言葉を使わないようにするこ**

メールでの雑談

＜良い例＞
また、あなたにお願いしたい仕事があります。詳細は追って連絡させていただきます。近いうちにお会いしてお話しできますと助かります。
＜悪い例＞
最近、いかがお過ごしでしょうか。
さて、お願いしづらいのですが、むずかしいお仕事がありまして。詳細は追って連絡させていただきます。

とが大切です。代わりに、たった1行の文章でも、ポジティブな言葉を盛り込めばよいのです。

次のポイントは、文章のどのあたりで雑談をすればよいかです。

時候の挨拶を先に行う手紙の印象から、文章の最初に雑談をする人が多いかもしれません。ですが、**雑談は文末が正解**です。最後に与えられた情報でその人への印象が決まりやすいという心理を「親近効果」といいます。

つまり、文末に、明るく、前向きな言葉があると、読み手の中の読み手についての印象がポジティブに変わりやすいのです。

メールの雑談は、文末に、明るい言葉でするように心がけてください。

どんなできごともプラスに変えて伝える

ネガティブな言葉は使わず、ポジティブな言葉を使うことを雑談の代表格である「天気の話」にあてはめて考えてみます。梅雨の季節ならば、「毎日雨が続いて、憂鬱な気分になってしまいますね」。これでは読んだ相手もどんよりと沈んだ気持ちになってしまいます。たとえ天気の悪い日が続いても、「夏が来るのが待ち遠しいですね」「たまの晴れ日が余計にうれしく感じますね」と書いてあれば、読み手は楽しい気持ちになります。

また、相手を気遣うにしても「お疲れではないですか？」「体調を崩していませんか？」など、ネガティブな言葉で言われてもうれしくありません。もちろん、相手を持ち上げようと自虐的な表現を使うのも逆効果です。

さて、文末にする雑談は忙しい人への配慮でもあります。用件の前に雑談があれば、強制的に読まされますが、用件のあとの雑談は、読むか読まないかを選ぶことができます。「以上、よろしくお願いします」「ご連絡をお待ちしています」などで文章を締め、そのあとに「※」や「追伸：」や「P.S.」などとつければ、それが雑談のマークとなります。

ここからは読んでも読まなくてもいいですよという意味になるので、相手は読み飛ばすかどうかを選ぶことができるのです。

メールでの依頼がうまくできない

頼むときは相手の自己重要感を満たす

断られない依頼メールの書き方とは

プライベートで仲の良い人への頼みごととは違い、仕事のメールで忙しい人に対して、どうしてもお願いしなければならないことだったり、新規の仕事を依頼したりするときの頼み方はむずかしいものです。頼み方を間違えてその人との関係が悪くなれば、関係がそれきり途絶えてしまうケースもあります。

実際、ある人がAさんとBさんから依頼メールをもらった場合、報酬などの条件は同じでも、Aさんは断られ、Bさんは喜んで承諾されることがあります。両者の間には、いったいどのような違いがあるのでしょうか。断られない上手な依頼メールの特徴とは何でしょうか。

✿自己重要感に強くうったえる

相手にとって、依頼を受けるメリットがそこまで大きくない場合や、スケジュール的にギリギリのときなど、依頼を受けようかどうしようか迷っているときに鍵となるのは、「その人の感情にどこまでうったえられるか」です。そして、感情にうったえかけるには、いくつかのコツがあります。

ひとつは、**相手の「自己重要感（自分は重要な存在でありたいという思い）」を満たすことです。ほかの誰でもいいわけではなく、あなたにお願いしたいのです、あなたでなければダメなのです、といった特別感**を依頼文に盛り込みます。

ただし、その特別感を演出したいばかりに、「本当か？」と思われてしまうほど表現が大げさになるのはＮＧ。会ったことのない仕事相手の人柄をほめるなど、説得力がまったくない言葉も相手に不信感を与えてしまいます。

また、相手の自己重要感を満たすことに集中しすぎて、立場と目線がチグハグになってしまうことにも気をつけなければなりません。

上司やクライアントなどにお願いするときに、理論的な説明を長々としてしまうと、まるで上から目線で教えられているような不快感をもたれてしまう恐れがあります。

メールでの依頼文の一例

先日にお願いした案件がとても好評で、助かりました。改めてありがとうございました。そこで、新商品のパッケージのデザインをまたお願いできないでしょうか。期間は1カ月、お支払いは前回と同程度でいかがでしょう。
ご返事は今週中にいただければ幸いです。

依頼先よりも下の立場からお願いするのであれば、大切なのは**「わたし」を主語にすること**。どこか他人行儀な文面ではなく、「感銘を受けました」「尊敬しています」といった具合に、相手に「わたしが思っている」とシンプルに伝わるよう心がけてください。

また、自己重要感を満たすことに注力するあまり、肝心の依頼内容が曖昧になってしまうことも避けなくてはいけません。「何を」「いつ」「どれくらいの報酬」でお願いしたいのかをはっきりと明記したうえで、さらに依頼の可否について「返事の期限」も記します。

相手が、条件について余計な心配をすることなく、依頼を受けるかどうかだけの判断をすればいいように最初のメールでできるだけ情報を開示することも大事です。

✿依頼上手になれば好意も受け取れる

働く人にたずねた「どんなほめ言葉を言われたときがいちばんうれしいですか?」という問いに対して、多くあがるのが「あなたに頼んでよかった」という回答です。

期待に応え相手に喜んでもらい、自己重要感が満たされるのならば、多少の無理をしてでも依頼に応じたいと思うのが人の心理です。

定型文の「○○をご依頼したく、ご検討ください」では、受け取った側は自分でなくても変わりはいくらでもいるだろう、それなら、今はスケジュール的にもきびしいからと、断るほうを選びます。

そうではなく、「このトピックに関しては、ぜひ○○さんにお話をしていただきたいです。わたしがそうだったように、きっと同じ環境にいる人のモチベーションアップにつながると思っています」などと、具体的に、かつシンプルに思いを伝えてください。

人は「助けてもらった人」よりも、「助けてあげた人」に好意を抱くという実験結果もあります。

恋愛においても「お願い上手は愛され上手」という言葉があるように、依頼上手になることは、いい人間関係を築くうえでもとても重要なことなのです。

断りのメールがうまくつくれない

断ったあとも良好な関係を維持する

関係が途切れてしまわないか心配

プライベートでも、仕事でも、「気持ちはありがたいけれど、断らなければならない」という場面がよくあります。相手を傷つけないためには、どのように断ったらいいのだろうか、断ったあと関係性が悪くなったらどうしようなど、あれこれと考えてしまいます。

結果、お断りのメールは早く出したほうがいいのに、下書きしては消すをくり返すうち、時間ばかりが経ってしまいます。しかも時間をかけたからといって、良いメールができるかというとそうでもありません。

断ることが苦手な人の特徴は、断り方がまわりくどかったり、曖昧だったりします。それでは、何を心がけて断りの文章をつくったらよいのか、心理の面から考えていきます。

❀相手を思いやりながらも主張する

良いときも悪いときも、自分の存在を肯定することができる、いわゆる「自己肯定感」ですが、一般的には、自己肯定感が低い人は、人からの頼みごとを断るのが苦手な傾向があります。というのも、「お断り＝その人を否定すること」と思い込んでしまい、相手にNOと言えないのです。そういう人は、相手に何か依頼して断られると、自分の人間性が否定されたと思い込んで傷ついてしまいます。

また、嫌われたくないという気持ちが強い人も、断るのが苦手です。相手に嫌われるくらいなら、自分が無理をすれば済むだけと判断して、何でも引き受けていき、仕事を抱え込みすぎてしまいます。

「アサーション」という言葉を知っているでしょうか。これは、相手の立場や権利を尊重しながら、自分の欲求や感情、意見、権利など言いたいことも率直に表現するコミュニケーションスキルのことです。

アサーションを上手に使うことができれば、女性同士のグループやママ友同しなど、パワーバランスがむずかしい関係性であっても、対等な信頼関係を築くことができます。

仕事相手など、どうしても断りにくい関係性においても、相手の立場を理解しながらも、何

お断りメールの一例

① 感謝の例

お誘いありがとう
ございます。

② 謝罪の例

申し訳ないのですが、

③ 断りの表明の例

その日は先約があって、
ごいっしょできません

④ 代替え案の例

また誘ってもらえますか？
わたしは○日か○日でしたら
大丈夫です。

でも「ＹＥＳ」というのではなく、「無理なものは無理」とはっきりと伝えることで関係性がかえって良くなるケースもあります。

さて、お断りの基本ステップには以下の、①「謝罪、感謝」、②「理由の説明」、③「断り表明」、④「代替え案」の４つがあります。

これは、プライベートでも仕事でも同じことがいえます。いずれかのステップでも欠けてしまうと、断れたほうは、ないがしろにされた気分になったり、迷惑だったのかと勘ぐったりとしてしまい、最悪の場合人間関係がくずれてしまいます。

４つのステップがきちんと落とし込んであれば、相手は不安になったり、怒ったりすることなく、納得感をもって断る人の気持ちを理解することができます。

つき合いを継続する意思を伝える

お断りのメールで、とくに気をつけたいのはステップ②です。理由を説明する際に、罪悪感などからついつい理由を細かく説明してしまう人がいますが、これはNG。長々と理由を語るのは言い訳がましく聞こえてしまいます。断るときは他人のせいにせず、**主語は〝自分〟にして、簡潔に、さわやかに伝える**ことがポイントです。

ステップ④の代替え案もとても重要です。これは、恋愛においてもよく使われます。相手に誘いを断られたときに、ただ忙しいと断わられた場合は脈ナシ、ほかの空いている日が代案として出てきた場合は脈アリと予測できるのは知られた話。代替え案があるということは、今回はお断りしますが、**あなたとの関係を今後とも続けていきたいですという意志表示**でもあるのです。

152ページの図が誘いをお断りする場合の一例になります。こういった具合に、肯定的に簡潔に伝えることが大事です。

会ったことのない人とのスムーズなやりとり

相手をまねて親近感を抱かせる

❀相手と楽しくやりとりがしたい

文章のやりとりにおける相性の良し悪しははっきりと分かれます。ＬＩＮＥの返信やＳＮＳのリプライなど、対話をする中で、「やりとりが楽しい」という人もいれば、「何だか返信するのが面倒くさい」と感じてしまうタイプの人もいます。

ＳＮＳが普及し顔の見えない人とのコミュニケーションをとる機会が増えている現代。スタンプや絵文字でリアクションできるＳＮＳを使いこなし、さまざまなタイプの相手と楽しくやりとりができるかどうかは、とても大事なスキルです。

ストレスがかからずに、こうしたやりとりができるポイントとは何でしょうか。

❀相手からの好意を引き寄せる

恋愛心理学でもよく知られているものに「ミラーリング（行為）」があります。まるでミラー（鏡）に映った姿のように、相手の言葉や仕草をまねすることで、親近感を抱かせたり、好意を寄せられたりするよう働きかけるテクニックです。

テクニックというとむずかしそうに聞こえますが、そうではありません。たとえば、信用している相手から笑顔で話しかけられれば、ついこちらも笑顔になってしまいますし、相手が穏やかな口調で話しかけてくれれば、自分もつられて和やかな話し方になります。このように、ミラーリングは誰もが信頼する人や親しい人に対して、自然と行っている行為でもあります。

いっしょにいる人をまねするクセは、意識せずとも人がもともともっている習性です。長年連れ添った夫婦や毎日会っている仲のいい友人は、どこか話し方や仕草が似ているなんてこともよくあります。

しかも、言動や仕草をまねされた側は、まねした相手のことを肯定的にとらえるようになるため、ミラーリングはコミュニケーションのあらゆる場面で使えるのです。

アメリカで行われた実験では、初対面の2人に15分間会話をしてもらい、一方は声の調子や話し方をまねするように指示し、もう一方にはまねをさせなかったところ、まねされなかった

好感度アップが期待できるやりとり

A おはよう(‘-‘)
おはよう(´∀`) B
今日は予定どおりで大丈夫? B
A うん、大丈夫だよ
A それじゃあ、よろしくね!
こちらこそ! B

ほうにくらべ、まねされたほうは15%も多く、「会話がスムーズで相手を好意的に思った」と感じたという結果が出ています。

人は自分との共通点をもっている人に親近感を覚えやすいため、まねをすると、相手の自分への好感度が上がることが期待できるのです。

ミラーリングは、何も対面だけに限って効果を発揮するわけではありません。

LINEやSNS上の文字のやり取りでも、さりげなくまねをすることで、たとえ会ったことのない相手だったとしても、良好な関係を築くことができます。

分量とテンポを相手にそろえる

プライベートのＬＩＮＥやメールで、ミラーリングを使う場合、「分量」「スタンプや絵文字の使い方」「頻度」を相手と合わせるのがポイントです。

分量は、相手が1～2行の短い文章を送ってくるならば、こちらも同じように1～2行で返すと、テンポよくやりとりができます。たとえ相手からの質問だったとしても、それが短文だったら、回答も長文ではなく、相手と同じリズムの同じ短文で返すほうが相手は心地よく感じるはずです。

同じように、スタンプを多用する人に対してはスタンプで返し、絵文字で返してくる人に対しては、絵文字で返信するのがおすすめです。ラフな文章のあとに使うのは、「(笑)」なのか「ｗ」なのか、はたまた顔文字の「ヾ(´∀`*)ノﾉﾞﾝﾞ」なのか、そこにはその人の感覚や嗜好が表れています。相手に合わせることで、同じような感覚をもっている人だと思われ、相手からの印象が良くなります。

返信の頻度は、いっしょに歩くときの歩幅のようなもの。自分のスピードに対して早すぎたり遅すぎたりすると苦痛になってしまいます。相手が1時間感覚ならば同じくらいに、ぽんぽんと1分置きに返ってくるなら同様のスピードで返すと、心地良くやりとりができます。

◆本書に登場する主な研究者

ページ	人物	略歴
13	ソロモン・アッシュ	ポーランド出身の心理学者。アメリカで活動し、1946年に初頭効果という現象を提唱する。
13	ノーマン・アンダーソン	アメリカの心理学者。1976年に親近効果という現象を提唱する。
17・66	レイ・バードウィステル	アメリカの人類学者。非言語コミュニケーション研究の第一人者として知られる。
21	マーク・ナップ	アメリカの心理学者。非言語コミュニケーションを７つに分類する。
55・56・57	スティンザー	アメリカの心理学者。会議を有利に進めるための三原則(スティンザー効果)を提唱する。
75	スティーヴン・トゥールミン	イギリス出身の哲学者。議論の技法を図式化したトゥールミンの議論モデルを提唱する。
127	ロバート・ザイオンス	ポーランド出身の心理学者。アメリカで活動し、1968年に単純接触効果(ザイオンス効果)を提唱する。
131	アルバート・メラビアン	アメリカの心理学者。1971年に提唱した概念が、メラビアンの法則と呼ばれるようになる。
139	エレン・ランガー	アメリカの心理学者。1978年に論文で発表した概念が、カチッサー効果と呼ばれるようになる。

■参考文献

アンデシュ・ハンセン、久山 葉子：訳（2020）『スマホ脳』新潮社．

飯田裕貴子・眞鍋葉子（2020）『的確に選んで、正しく着ける　感染症時代のマスクの教科書』小学館．

稲葉寿美（2020）『オンラインのコミュニケーション術―これだけはすぐ知っておきたい！オンライン会議のマナー』INANAエンタープライズ．

植木理恵（2017）『幸運を引き寄せる行動心理学入門』宝島社．

大島 武（2006）『プレゼンテーション・マインド「相手の聞きたいこと」を話せ！』マキノ出版．

倉島保美（2019）『改訂新版 書く技術・伝える技術』あさ出版．

寿 マリコ（2014）『就活メイク講座』（ミネルヴァ書房）．

渋谷昌三（2010）『面白いほどよくわかる！心理学の本』西東社．

渋谷昌三（2008）『「しぐさ」を見れば心の９割がわかる！』三笠書房．

鈴木義幸：監修、コーチ・エィ：著（2019）『新版　コーチングの基本』日本実業出版社．

戸田久実（2019）『【イラスト＆図解】コミュニケーション大百科』かんき出版．

中西 健太郎（2019）『感情を動かす技術』アチーブメント出版．

仲 真紀子（2010）『認知心理学―心のメカニズムを解き明かす―』ミネルヴァ書房．

藤沢晃治（2020）『新装版「分かりやすい表現」の技術 意図を正しく伝えるための16のルール』文響社．

ポーポープロダクション（2020）『色彩心理図鑑』日本文芸社．

矢野 香（2020）『オンラインでの「伝え方」ココが違います！』すばる舎．

レス・ギブリン：著、弓場 隆：訳（2019）『人の心をつかむ15のルール』ディスカヴァー・トゥエンティワン．

■参考資料

大原薬品工業．「けんこう名探偵」第１回セロトニンのヒミツを探る！
https://www.ohara-ch.co.jp/meitantei/vol01_2.html（最終閲覧日2021年8月24日）
オンスク .jp.「会議を有利に進める「スティンザー効果」とは？｜ビジネスに使える心理学③」（2020年4月11日）https://onsuku.jp/blog/psychology_003（最終閲覧日2021年8月30日）
厚生労働科学研究費補助金こころの健康科学研究事業「精神療法の実施方法と有効性に関する研究」．「うつ病の認知療法・認知行動療法 」（患者さんのための資料）https://www.mhlw.go.jp/bunya/shougaihoken/kokoro/dl/04.pdf（PDF）．（最終閲覧日2021年8月24日）
国土交通省．「平成31年度（令和元年度）テレワーク人口実態調査」（2020）「テレワーク（在宅勤務に限る）を実施してみて問題があったこと」
https://www.mlit.go.jp/toshi/daisei/content/001338545.pdf（PDF）．（最終閲覧日2021年8月24日）
人事担当者のための公式ブログ mitsucari.「ペーシングとは？ビジネスでも役立つコミュニケーションスキル」（2020年6月1日）https://mitsucari.com/blog/pacing/（最終閲覧日2020年8月30日）
STUDY HUCKER．「人の集中は3分で切れる！ 伝わる話のカギは“相手の集中力”を計算すること。」（2017年4月7日） https://studyhacker.net/columns/syuucyu-talk（最終閲覧日2021年8月30日）
日経 BizGate.「仕事の期日を守らない同僚 効果の高い催促の仕方は？ 第15回 カチッサー効果」（2019年2月25日）https://bizgate.nikkei.co.jp/article/DGXZZO4100087007022019000000?page=2（最終閲覧日2020年8月30日）
ビジネスのための Web 活用術。.「クライマックス法・アンチクライマックス法｜興味を引きつける話し方」（2017年9月9日）https://swingroot.com/climax-technique/ （最終閲覧日2021年8月30日）
マーケターのよりどころ ferret.「ザイオンス効果」（2018年4月10日）https://ferret-plus.com/words/955（最終閲覧日2021年8月30日）
日本経済新聞．「「謝る技術」で失地回復 責任逃れは NG」（2016年8月26日）https://www.nikkei.com/article/DGXNASFK2500M_V20C10A8000000/（最終閲覧日2020年8月30日）
Musubu ライブラリ．「アサーションとは？ 3つのタイプの概要やトレーニングについても解説」（2020年11月27日）https://library.musubu.in/articles/20918（最終閲覧日2021年8月24日）
メンタル・プロ．「ノイズ」（2021年2月24日）https://www.mental-pro.net/contents/%E3%83%8E%E3%82%A4%E3%82%BA/（最終閲覧日2021年8月24日）

執筆／谷畑 まゆみ
フリーランスの編集・執筆者。キャリアコンサルタント。目白大学大学院心理学研究科修士課程修了。小学館『Domani』創刊時より女性の生き方企画に携わる。オンラインの転職イベントでのキャリアアドバイザーや、オンラインの1on1サービス業務も受託している。

執筆／中野乃梨子
ライター。白百合女子大学文学部国語国文学科卒業。人物インタビューを中心に、美術館やインテリアなどカルチャー分野の取材を多く行う。現在は、ソーシャル経済メディアサイトをはじめ、複数の企業のオウンドメディアや、女性誌にてインタビュー記事を執筆。

協力／高橋　浩
ユースキャリア研究所代表。立正大学大学院心理学研究科博士後期課程満期退学。博士（心理学）・公認心理師・キャリアコンサルタント。法政大学・明治学院大学・目白大学講師。

構成・編集・ＤＴＰ／造事務所
イラスト／岡澤香寿美
カバーデザイン／大野佳恵

わかる！ 伝える！
視線の心理術

発行日　2021年10月14日　初版第1刷発行

編　　著　株式会社造事務所
発 行 人　磯田肇
発 行 所　株式会社メディアパル
〒162-8710
東京都新宿区東五軒町6-24
TEL. 03-5261-1171　FAX. 03-3235-4645

印刷・製本　株式会社光邦

ISBN978-4-8021-1058-7　C0076